Franz Josef Kröger (Hg.)

Bruder aller

Bruder aller

Geschichten und Legenden über den heiligen Franziskus

Herausgegeben
von Franz Josef Kröger

edition COELDE

Bibliografische Information der Deutschen Bibliothek
Die Deutsche Bibliothek verzeichnet diese Publikation in der Deutschen Nationalbibliografie; detaillierte bibliografische Daten sind im Internet über http://dnb.ddb.de abrufbar.

verlags gruppe engagement

Das Gesamtprogramm
von Butzon & Bercker
finden Sie im Internet unter
www.engagementbuch.de

ISBN 3-7666-2096-7

Umschlaggestaltung: Hötzel, RFS & Partner, Stadtlohn
Satz: SatzWeise, Föhren

Inhaltsverzeichnis

Abkürzungen

Cel	Thomas von Celano
LegMaj	Bonaventura
DreiGefLeg	Dreigefährtenlegende
Fioretti	J. Schneider, Die Fioretti
Prozeß d. hl. Klara	Grau/Schlosser, Leben und Schriften der heiligen Klara
LegPer	Legenda Perusina

Franziskus – der „zweite Christus“

„Ich höre, meine Seele, die Liebe besitze solche Kraft, daß sie sich zum Bild dessen umwandelt, den du liebst.“ Dieses Wort von Hugo von Sankt Viktor kann vielleicht ein wenig den Hintergrund ausleuchten, auf dem das Wort vom „zweiten Christus“ entstehen konnte, mit dem die Nachwelt das Leben des hl. Franziskus bedacht hat. Die Liebe zu Jesus Christus hat Franziskus ein Leben führen lassen, das dem des Meisters ganz ähnlich wurde. Diese „Ähnlichkeit“ schlägt sich dann auch in vielen Legenden und Erzählungen nieder, die – im Nachhinein – das Leben von Franziskus dem von Jesus Christus noch mehr anzugleichen versuchen, als es dem wirklichen Leben entsprochen hat.

Die Geburt von Franziskus

Später, so um die Zeit, da man noch ein wenig wartet, bevor man die Lampe anzündet, kam aus einer dunklen Gasse ein alter Mann, gekleidet wie ein Pilger. Er war blind, und man sah nur das Weiße seiner Augen. Aber ohne zu zögern, wie jemand, der über gesunde Augen verfügt, schritt er über den Platz des Heiligen Geistes schnurstracks auf das Haus zu, wo der Tuchhändler Peter von Bernardoni wohnte. Dieser hatte sich im vorigen Jahr mit einem adeligen Fräulein aus Südfrankreich vermählt. Das Haus war schön und reich mit Säulen verziert. Der Pilger klopfte an die Tür, und während er wartete, zitterte sein Bart beim Beten. Er hielt die Hand auf wie ein Bettler. Die Dienstmagd, ein frisches, einfaches Mädchen vom Lande, machte hastig auf. Oben konnte man eine Frau schreien hören; aber bevor die

Magd etwas sagen konnte, sprach der Blinde: „Sage Frau von Bernardoni, daß sie in den kleinen Stall gehen soll. Das Kind kann nur dort geboren werden. So will es der Herr.“ Darauf entfernte er sich wieder, die weißen Augen zum Himmel gerichtet. Die Magd war mit einem Satz oben und erzählte vor Freude so hastig, daß sie nach Atem schnappen mußte, ein blinder Pater, mit einem Lichtkranz um den Kopf, wäre dagewesen, hätte einen schönen Gruß von Unserem Herrn überbracht und gesagt, daß das Kind im Stall geboren werden müsse. Alle, die oben im Zimmer waren, der Arzt, die Hebamme, die Frau, die elend im Bette lag, und ein paar Freundinnen, hatten sofort eine große Ehrfurcht vor dem, was das Mädchen erzählte, denn alle waren sehr fromm, und der Arzt hatte sogar früher Pater werden wollen. Außerdem hatten sie es bis jetzt ohne Erfolg mit Heilmitteln, Gelübden und Gebeten versucht. Und die Frau hatte doch solche Schmerzen, während ihr Mann sich weit weg in Frankreich auf einer Geschäftsreise befand. Was die Magd erzählte, war wie der Strohhalm, an dem sich ein Ertrinkender klammert. „Zum Stall!“ sagte einer zum andern. „Ja, zum Stall!“ stöhnte die Frau, „denn ich habe so etwas geträumt … Hatte der Pater keine Flügel?“ fragte sie. „Ganz gewiß,“ sagte die Magd, „aber ich habe sie nicht gesehen.“ Mit viel Mühe wurde dann die Frau vom Arzt und der Hebamme die Treppe hinunter geführt. Die Freundinnen folgten mit Tüchern und Wärmflaschen, und die Magd trug das kupferne Weihwasserfaß. Der kleine Zug verließ das Haus und bewegte sich durch den Garten, wo späte Septemberrosen blühten. In dem kleinen Stall, auf einem frischen Bündel Stroh, beim Licht einer Kerze, wurde das Kindlein geboren, leicht wie ein Volkslied. Es war ein kleines, mageres Wesen. „Nicht der Mühe wert, um soviel Umstände zu machen“, sagte die Hebamme. Das Kindlein war Franziskus. Es wurde in einem Stall geboren. Die Hebamme wusch es sofort, wickelte es ein und legte es neben die Mutter, die vor Müdigkeit und Wohlbehagen eingeschlafen war. Alle sahen verwundert auf das Kind. „Wunderbar, höchst wunderbar", sagte der Arzt, und er blickte zum dunklen Dach hinauf. Die Magd lachte und meinte: „Wie im Stall zu Bethlehem." „Aber ohne Ochsen und ohne Esel", sagte die Hebamme. „Aber ein Engel war dabei", beharrte das Mädchen, „und er hat mit mir gesprochen, aber nicht mit euch", fügte sie hinzu. „Wir wollen Gott danken", sagte der fromme Arzt und starrte fortwährend nach oben. Sah er vielleicht einen Stern durch eine Ritze im Dach? Er machte ein Kreuzzeichen. Alle schlossen sich an und beteten mit gefalteten Händen, aber die Magd kniete nieder vor der Krippe. (Felix Timmermans)

Wie Franziskus dem Ruf Jesu folgte

Nach Beendigung des Baues der Kirche S. Damiano trug der selige Franziskus noch das Kleid eines Einsiedlers. Er ging einher mit einem Stab in der Hand, mit Sandalen an den Füßen und mit einem Riemen gegürtet. Eines Tages aber hörte er bei der Feier der Messe jene Worte, die Christus im Evangelium zu den Jüngern sprach, als er sie zum Predigen aussandte, daß sie nämlich weder Gold noch Silber, weder eine Tasche noch Brot oder einen Stab auf dem Weg tragen, weder Schuhe noch zwei Röcke haben sollten. Als er dies hierauf mit Hilfe des Priesters noch deutlicher verstand, wurde er von unsagbarer Freude erfüllt und sprach: „Das ist es, was ich mit allen Kräften zu erfüllen wünsche!" Nachdem er alles, was er gehört, seinem Gedächtnis eingeprägt hatte, mühte er sich, es freudig zu erfüllen. Ohne Zaudern legte er ab, was er doppelt hatte, und benützte deshalb von nun an weder Stab noch Schuhe, weder Beutel noch Tasche. Er machte sich ein sehr unansehnliches und schmuckloses Gewand, warf den Riemen weg und nahm als Gürtel einen Strick. Auch alle Sorgen seines Herzens setzte er auf die Worte des neuen Gnadenerweises, wie er sie im Werk erfüllen könne. Auf göttliche Eingebung hin begann er, als Verkünder der evangelischen Vollkommenheit aufzutreten und einfältig in der Öffentlichkeit Buße zu predigen. Seine Worte waren weder nichtssagend noch lachhaft, sondern drangen, voll der Kraft des Heiligen Geistes, in das Innerste des Herzens, so daß die Zuhörer darüber in gewaltiges Staunen gerieten. (DreiGefLeg 25)

Wie Franziskus seine Brüder beten lehrte

In jener Zeit baten ihn die Brüder, er solle sie beten lehren. Denn als sie in Einfalt des Geistes wandelten, kannten sie noch nicht die kirchlichen Tagzeiten. Ihnen sagte der Heilige: „Wenn ihr betet, so sprechet: Vater unser“ und „Wir beten dich an, Christus – und in allen deinen Kirchen, die in der ganzen Welt sind, und wir benedeien dich, weil du durch dein heiliges Kreuz die ganze Welt erlöst hast.“ Dies suchten nun die Brüder, die Jünger des frommen Meisters, mit der größten Gewissenhaftigkeit zu beobachten; denn nicht nur das, was ihnen der selige Vater Franziskus in brüderlichem Rat oder väterlichem Befehl sagte, bemühten sie sich eifrigst zu erfüllen, sondern auch das, was er dachte und erwog, wenn sie es nur aus irgendeinem Anzeichen erkennen konnten. (1 Cel 45)

Wie Franziskus 40 Tage auf einer Insel fastete

Den wahren Knecht Christi, den heiligen Franziskus, der in manchen Dingen fast wie ein zweiter Christus der Welt zum

Heil der Menschen gegeben war, wollte Gottvater in vielen Taten seinem Sohn Jesus Christus gleichförmig und ähnlich machen. Das zeigt sich schon in dem ehrwürdigen Kollegium der zwölf Gefährten, in dem wunderbaren Mysterium der heiligen Wundmale und in dem durchgehenden Fasten während der heiligen Fastenzeit, das er auf folgende Weise durchführte.

Als der heilige Franziskus einmal zur Fastnacht in der Nähe des Sees von Perugia im Hause eines ihm ergebenen Mannes war, bei dem er die Nacht beherbergt war, wurde ihm von Gott eingegeben, er solle auf eine Insel des besagten Sees gehen und dort die Fastenzeit halten. Der heilige Franziskus bat also seinen getreuen Freund, er möge ihn um der Liebe Christi willen mit seinem Boot auf eine Insel des Sees bringen, auf der kein Mensch wohnte. Dies solle er in der Nacht auf den Aschermittwoch tun, damit es niemand merke. Wegen seiner großen Verehrung für den heiligen Franziskus erfüllte er ihm getreulich seine Bitte und brachte ihn auf die Insel. Der heilige Franziskus aber nahm nichts mit sich außer zwei kleine Brote. Als sie auf der Insel angelangt waren und der Freund sich aufmachte, nach Hause zurückzukehren, bat ihn der heilige Franziskus inständig, niemandem mitzuteilen, daß er sich hier aufhalte, und auch selbst nicht vor dem Gründonnerstag zu ihm zu kommen. Und so fuhr jener ab, der heilige Franziskus aber blieb allein zurück.

Da es dort keine Behausung gab, in die man sich hätte zurückziehen können, kroch er in eine dichte Hecke, die viel Schlehdorn und Buschwerk hatte und so etwas wie eine kleine Hütte oder einen Unterschlupf bildete. An diesem Ort widmete er sich dem Gebet und der Betrachtung himmlischer Dinge. Er verweilte dort die ganze Fastenzeit, ohne etwas zu essen und zu trinken außer der Hälfte eines der zwei kleinen Brote. Dies stellte nämlich jener Freund fest, als er am Gründonnerstag zu ihm zurückkehrte und von den zwei Broten ein ganzes und die Hälfte des anderen vorfand. Die andere Hälfte, so meint man, habe der heilige Franziskus aus Ehrfurcht vor dem Fasten Christi, des Gebenedeiten, gegessen, der vierzig Tage und vierzig Nächte fastete, ohne irgendeine materielle Speise zu sich zu nehmen. Mit jenem halben Brot trieb er das Gift der Selbstüberhebung aus, und dann fastete er nach dem Beispiel Christi vierzig Tage und vierzig Nächte. (Fioretti, 7)

Heimatlos wie der Menschensohn

Ein frommer Bruder, der mit dem seligen Franziskus sehr vertraut war, ließ in der Einsiedelei, wo er weilte, eine etwas zurückgelegene Zelle bauen, in welcher der selige Franziskus im Gebete verweilen sollte, sooft er dahin käme. Als aber der selige Franziskus an jenen Ort kam, führte ihn der Bruder in die Zelle. Und es sprach zu ihm der selige Franziskus: „Allzuschön ist diese Zelle!“ Denn der Boden bestand aus Brettern, die mit Beil und Hobel bearbeitet waren. „Wenn du willst, daß ich darin bleibe, dann lasse sie innen und außen mit Farnkräutern und Baumästen umkleiden.“ Denn je ärmlicher ein Haus und eine Zelle waren, desto lieber verweilte er darin. Als jener Bruder das getan hatte, blieb der selige Franziskus einige Tage daselbst.

Als er aber eines Tages die Zelle verlassen hatte, ging ein Bruder hin, sie zu sehen, und kam danach an den Platz, wo der selige Franziskus war. Der selige Franziskus sah ihn und sprach zu ihm: „Woher kommst du, Bruder?“ Und jener sagte: „Ich komme aus deiner Zelle.“ Und es sprach zu ihm der selige Franziskus: „Da du gesagt hast, es sei meine, wird fürderhin ein anderer darin wohnen und nicht ich.“

Wir, die wir mit ihm gelebt haben, hörten ihn oft dieses Wort sprechen: „Die Füchse haben ihre Höhlen und die Vögel des Himmels ihre Nester, der Sohn des Menschen aber hat nichts, wo er sein Haupt niederlege."

Und wiederum sprach er: „Als der Herr in der Wüste war, wo er vierzig Tage und vierzig Nächte betete und fastete, ließ er sich dort weder eine Zelle noch ein Haus bauen, sondern blieb auf dem Felsen des Berges."

So wollte er nach Christi Beispiel weder ein Haus noch eine Zelle haben, die die seine genannt würde, und er duldete nie, daß dies geschah. Ja, wenn es einmal vorkam, daß er zufällig zu den Brüdern sagte: „Gehet hin und bereitet jene Zelle", wollte er nachher nicht darin bleiben wegen jenes Wortes des heiligen Evangeliums: „Sorget nicht für euer Leben, was ihr essen, noch für den Leib, was ihr anziehen möget." (Spiegel der Vollkommenheit, 28–30)

Franziskus wird vom Teufel versucht

Als das Fest der Himmelfahrt kam, begann der heilige Franziskus die heilige Fastenzeit, indem er mit großer Enthaltsamkeit und Strenge den Leib kasteite und mit inbrünstigen Gebeten, Nachtwachen und Bußübungen den Geist stärkte. In diesem Tun wuchs er beständig an tugendhaften Kräften und bereitete die Seele für den Empfang der göttlichen Mysterien und Erleuchtungen vor, den Körper aber für die grausamen Kämpfe mit den Dämonen, mit denen er oft handgreiflich kämpfte. Unter anderem geschah es einmal während dieser Fastenzeit, daß der heilige Franziskus eines Tages in der Glut des Geistes aus seiner Zelle trat und sich eine kleine Strecke weit entfernte, um sich in einer ausgehöhlten Felsengruft ins Gebet zu versenken. Diese befand sich in einem schrecklichen, gefährlich überhängenden Felsen, von wo es weit hinab in die Tiefe ging. Plötzlich nahte sich der Teufel mit Unwetter und lautem Getöse in schrecklicher Gestalt und schlug auf ihn ein, um ihn hinabzustürzen. Da der heilige Franziskus nicht wußte, wohin er fliehen sollte, und den scheußlichen Anblick des Teufels nicht ertragen konnte, schmiegte er sich rasch mit den Händen, dem Gesicht und dem ganzen Leib an den Felsen und befahl sich Gott an, indem er mit den Händen um sich griff, ob er sich nicht an irgendetwas festklammern könnte. Aber wie es Gott gefiel, der seine Knechte niemals mehr versucht werden läßt, als sie zu ertragen vermögen, höhlte sich durch ein Wunder der Fels, an den er sich klammerte, nach der Form seines Körpers und nahm ihn in sich auf. Und wie wenn er Hände und Gesicht in weiches Wachs gedrückt hätte, so prägte sich die Form seines Antlitzes und seiner Hände in den Felsen. So entkam er mit der Hilfe Gottes dem Teufel. (Fioretti, 157)

„Wunderbare Brotvermehrung"

Im sechsten Jahre seiner Bekehrung wollte er daher, voll glühender Sehnsucht nach dem heiligen Martyrium, nach Syrien hinüberfahren, um den Sarazenen und andern Ungläubigen den christlichen Glauben und Buße zu predigen. Als er ein Schiff bestieg, um dorthin zu gelangen, zwangen ihn widrige Winde, in Slawonien an Land zu gehen. Als er sich dort eine Zeit lang aufgehalten hatte und kein Schiff für die Überfahrt finden konnte, sah er sich um seinen heißen Wunsch betrogen. Darum bat er Schiffsleute, die nach Ancona fuhren, sie möchten ihn aus Liebe zu Gott mitnehmen. Da diese sich aber hartnäckig weigerten, weil er die Kosten nicht aufbringen konnte, begab sich der Gottesmann, voll starken Vertrauens auf die Güte des Herrn, mit seinen Gefährten heimlich an Bord. Damals kam ihm ein Mann zu Hilfe, den Gott, wie man mit Recht annimmt, seinem Armen sandte. Er hatte das Lebensnotwendige mitgebracht, rief einen gottesfürchtigen Mann von der Schiffsbesatzung und sagte zu ihm: „Nimm dies alles für jene armen Brüder, die sich im Schiff versteckt halten, getreulich an dich und gib es ihnen in Liebe zur Zeit der Not!“ Als nun die Schiffsleute infolge eines gewaltigen Sturmes mehrere Tage lang nirgends landen konnten und alle ihre Vorräte aufgezehrt waren, blieben nur noch die Gaben übrig, die für den armen Franziskus geschenkt waren. Da sie jedoch ziemlich bescheiden waren, hat Gottes Macht sie ihm so vermehrt, daß sie bis zum Hafen von Ancona für den Unterhalt aller vollauf genügten, obwohl sie bei dem anhaltenden Sturm mehrere Tage lang auf dem Meere bleiben mußten. Daher sahen die Schiffsleute ein, daß sie durch den Diener Gottes vielfachen Lebensgefahren entronnen waren. Als sie die grauenhaften Gefahren des Meeres und die wunderbaren Werke des Herrn über der Tiefe erlebt hatten, dankten sie dem allmächtigen Gott, der sich in seinen Freunden und Dienern allzeit wunderbar und liebenswert erweist. (LegMaj IX, 5)

Franziskus wird wie Jesus empfangen

Noch am selben Tag kam der heilige Franziskus nach Borgo San Sepolcro. Bevor er sich der Burg näherte, kamen ihm Scharen von Menschen aus der Burg und den Gehöften entgegen, und viele von ihnen gingen mit Ölzweigen vor ihm her und riefen laut: „Seht, der Heilige! Seht, der Heilige!“ Aus Verehrung und dem Wunsch, ihn zu berühren, verursachten die Leute ein großes Stoßen und Drängen um ihn. Er aber schritt dahin und sein Geist war so sehr in der Betrachtung zu Gott erhoben und entrückt, daß er wie eine empfindungslose Person nichts von all dem vernahm, was um ihn geschah oder gesprochen wurde, sosehr man ihn auch berührte, festhielt und an ihm zerrte. Er merkte nicht einmal, daß er durch diesen Burgflecken und diese Gegend zog. Als er dann den Burgflecken passiert hatte und die Menge in ihre Häuser zurückgekehrt war, gelangte er zu einem Aussätzigenhaus, das ungefähr eine Meile vom Burgflecken entfernt war. Der Betrachter der himmlischen Dinge kam wieder zu sich und fragte, wie wenn er aus einer anderen Welt zurückkehrte, seinen Gefährten: „Wann werden wir denn beim Burgflecken sein?“ Wirklich, seine Seele war so sehr auf die Betrachtung himmlischer Dinge gerichtet und entrückt, daß sie nichts Irdisches wahrgenommen hatte, weder den Wechsel der Orte noch der Zeiten noch der Personen, die ihr begegneten. (Fioretti, 171)

Die Wundmale

Zwei Jahre, bevor Franziskus seinen Geist dem Himmel zurückgab, oblag er in einer Einsiedelei namens Alverna in der Provinz Toskana in aller Zurückgezogenheit und voll Hingebung der Betrachtung und war schon ganz in die himmlische Herrlichkeit versunken. Da sah er in einem Gesicht einen Seraph am Kreuze über sich schweben, der sechs Flügel hatte und mit Händen und Füßen ans Kreuz geheftet war. Zwei Flügel erhoben sich über seinem Haupt, zwei waren zum Fluge ausgespannt, zwei endlich verhüllten den ganzen Körper. Als der Heilige dies schaute, staunte er sehr. Indes er sich aber nicht erklären konnte, was dieses Gesicht bedeuten solle, befiel Wonne und Betrübnis zugleich sein Herz. Tiefe Freude erfaßte ihn über den gnadenvollen Blick, mit dem er sich vom Seraph betrachtet sah; doch sein Hangen am Kreuze erfüllte ihn mit Entsetzen. Unruhigen Herzens dachte er nach, was diese göttliche Kundgebung wohl bedeute, und um ihren Sinn irgendwie zu erfassen, ängstigte sich sein Geist. Während er nun außerhalb von sich selbst suchte und der Verstand sich in Erfindungen verlor, wurde ihm plötzlich am eigenen Leib der Sinn geoffenbart.

Denn auf der Stelle begannen an seinen Händen und Füßen die Male der Nägel sichtbar zu werden in derselben Weise, wie er es kurz zuvor an dem gekreuzigten Mann, der über ihm in der Luft schwebte, gesehen hatte. Seine Hände und Füße schienen in ihrer Mitte mit Nägeln durchbohrt, wobei die Köpfe der Nägel an den Händen auf der inneren und an den Füßen auf der oberen Fläche erschienen, während ihre Spitzen sich an der Gegenseite zeigten. Die Köpfe der Nägel waren an Händen und Füßen rund und schwarz, ihre Spitzen aber länglich und umgebogen, hoben sich ab vom Fleisch und ragten über das andere Fleisch hinaus. Ferner war die rechte Seite wie mit einer Lanze durchbohrt und zeigte eine rote vernarbte Wunde, aus der häufig Blut floß, so daß sein Habit und seine Hose mit heiligem Blut getränkt wurden …

Als endlich nach einem Zeitraum von zwei Jahren der heilige Vater in seinem glücklichen Ende das Tal des Jammers mit der seligen Heimat vertauschte, kam der staunenerregende Ruf von diesem außerordentlichen Geschehen den Menschen zu Ohren. Viel Volk strömte zusammen, das den Namen des Herrn lobte und pries. In Scharen strömte die ganze Stadt Assisi herzu, und alle Leute der ganzen Umgebung eilten herbei, voll heißen Verlangens, jenes unerhörte Schauspiel zu sehen, das Gott jüngst in dieser Welt gewirkt hatte. Die Neuheit des Wunders wandelte ihr Wehklagen in Jubel und machte das leibliche Auge starr vor Staunen und Verzückung. Sie sahen den seligen Leib mit Christi Wundmalen geschmückt: an den Händen und Füßen nicht bloß die Male der Nägel, sondern die Nägel selber, durch die Kraft Gottes wunderbar aus seinem Fleische gebildet, ja, aus dem Fleische selbst natürlich entstanden. Wenn man sie auf der einen Seite drückte, traten sie sofort wie zusammenhängende Sehnen auf der entgegengesetzten Seite hervor. Man sah auch seine Seite vom Blute gerötet.

Wir, die das aussagen, haben es gesehen; mit den Händen haben wir betastet, was wir mit unseren Händen aufzeichnen; aus tränenden Augen haben wir benetzt, was wir mit den Lippen bekennen, und was wir nach ehrfürchtiger Berührung einmal beschworen haben, davon geben wir jederzeit öffentlich Zeugnis. Mit uns haben mehrere Brüder bei Lebzeiten des Heiligen seine Wundmale angeschaut … (3 Cel 4–5)

Wie er vor seinem Tod das Brot brach

Er wollte aber im Tode seinen Herrn und Meister nachahmen, den er in seinem Leben vollkommen nachgeahmt hatte. Deshalb ließ er sich Brote bringen und segnete sie und ließ sie in sehr viele Teile brechen, denn er konnte sie wegen seiner übergroßen Schwäche nicht brechen. Und er nahm alle Stücke, reichte jedem ein Stück und gab die Weisung, daß jeder das ganze Stück essen solle.

Wie der Herr vor seinem Tod zum Zeichen der Liebe am Donnerstag mit den Aposteln Mahl halten wollte, so wollte sein vollkommener Nachahmer, der selige Franziskus, das gleiche Zeichen der Liebe seinen Brüdern erweisen.

Und daß er dies genau so wie Christus tun wollte, geht offenkundig daraus hervor, daß er nachher fragte, ob es auch Donnerstag sei.

Und weil damals ein anderer Tag war, sagte er, er habe gemeint, es sei Donnerstag.

Einer aber von jenen Brüdern bewahrte ein Stückchen von jenem Brot auf, und nach dem Tode des seligen Franziskus wurden viele Kranke sofort von ihren Krankheiten befreit, die von diesem Brot gekostet hatten. (Spiegel der Vollkommenheit, 88)

Als er einmal bei S. Maria von Portiuncula weilte und an jener Krankheit litt, an der er sterben sollte, rief er eines Tages seine Gefährten und sprach zu ihnen: „Ihr wißt, daß die Herrin Jakoba von Settesoli mir und unserm Orden stets treu und ergeben war und ist; und so glaube ich, daß sie es für eine große Gnade und für einen großen Trost halten wird, wenn ihr sie von meinem Zustande benachrichtigt und ihr den besonderen Auftrag gebt, mir ein geweihtes Tuch von der Farbe der Asche zu senden; und zusammen mit dem Tuche soll sie mir jene Speise schicken, die sie mir schon oft in Rom bereitet hat." Diese aber nennen die Römer „mortariolum" und bereiten sie aus Mandeln, Zucker und andern Dingen.

Jene Herrin aber war eine fromme Witwe und entstammte einer der vornehmsten und reichsten Familien Roms. Durch die Verdienste und Gebete des seligen Franziskus hatte sie so große Gnade vom Herrn erlangt, daß man sie immer um der Liebe und Süßigkeit Christi willen Tränen der Andacht vergießen sah, wie eine zweite Magdalena.

Sie schrieben also einen Brief, wie der Heilige es ihnen gesagt hatte; und ein Bruder ging hin und suchte einen andern Bruder, der den Brief überbringen sollte. In diesem Augenblick wurde an die Türe des Hauses gepocht. Und als ein Bruder die Türe geöffnet hatte, stand die Herrin Jakoba vor der Türe, denn sie hatte sich in großer Eile aufgemacht, den seligen Franziskus zu besuchen. Als einer der Brüder sie erkannt hatte, eilte er zum seligen Franziskus und erzählte ihm voll großer Freude, daß die Herrin Jakoba mit ihren Söhnen und vielen anderen von Rom gekommen sei, um ihn zu besuchen. Und er sprach: „Vater, was sollen wir machen? Sollen wir sie eintreten und zu dir kommen lassen?"

Das sagte er aber, weil der selige Franziskus, um die Ehrbarkeit und Heiligkeit jener Einsiedelei zu wahren, bestimmt hatte, daß keine Frau sie betreten dürfe. Und der selige Franziskus sprach zu ihm: „Diese Bestimmung gilt nicht für diese Frau, die in Treue und Ergebenheit von so weit her zu mir gekommen ist."

Die Herrin trat also ein zum seligen Franziskus und weinte sehr heftig vor ihm. Und das Wunderbare war geschehen, daß sie ein aschenfarbiges Leichentuch zu einer Kutte mitbrachte; auch sonst hatte sie alles bei sich, was in jenem Brief enthalten war, als hätte sie den Brief selbst gelesen.

Und die Herrin sprach zu den Brüdern: „Meine Brüder, während ich betete, wurde mir im Geiste gesagt: ‚Gehe hin und besuche deinen Vater, den seligen Franziskus; eile und zögere nicht; denn wenn du säumig bist, wirst du ihn nicht mehr lebend antreffen. Bringe ihm diesen Stoff für eine Kutte mit und bereite ihm die Speise, die er liebt. Nimm auch etwas Weihrauch mit und eine große Menge Wachs, um Kerzen daraus zu bereiten.'"

Dies alles aber, außer dem Weihrauch, hatte in jenem Brief gestanden, der ihr gesandt werden sollte.

Und so geschah es, daß der, welcher den Königen befahl, mit ihren Geschenken seinen Sohn am Tage seiner Geburt zu ehren, auch jene vornehme und heilige Herrin anwies, mit ihren Geschenken seinen geliebtesten Knecht zu ehren in den Tagen seines Todes, der aber der Tag seiner wahren Geburt war.

Und die Herrin bereitete die Speise, die der heilige Vater zu essen wünschte; aber er aß nur wenig davon, denn er verlor immer wieder die Besinnung und war dem Tode sehr nahe.

Auch ließ er viele Kerzen herstellen, die nach seinem Tode vor seinem heiligsten Leibe brennen sollten; aus dem Tuche machten die Brüder ihm eine Kutte, in welcher er dann bestattet wurde. Er befahl aber den Brüdern, einen Sack darüber zu nähen, zum Zeichen der heiligsten Demut und der Herrin Armut. Und in jener Woche, da die Herrin Jakoba ihn besuchte, ging unser heiligster Vater zum Herrn. (Spiegel der Vollkommenheit, 217–219)

Um der Liebe Gottes willen

Wo Franziskus „um der Liebe Gottes willen“ um etwas gebeten wurde, konnte er nicht widerstehen. Aus Liebe zu Gott war er bereit, alles zu geben.

Wie er einer alten Frau seinen Mantel schenkte

In Celano war's zur Winterzeit. Da trug der heilige Franziskus ein Tuch nach Art eines Mantels umgeworfen, das ihm ein Freund der Brüder aus Tivoli geliehen hatte. Als er im Palast des marsikanischen Bischofs weilte, begegnete ihm ein altes Weib und bat ihn um ein Almosen. Auf der Stelle löste er das Tuch vom Hals und schenkte es, obwohl es ihm nicht gehörte, der armen Alten mit den Worten: „Geh hin und mache dir ein Gewand; denn du hast es wirklich nötig.“ Die Alte lachte ihn an, und ganz verdutzt – ob vor Schrecken oder Freude, ich weiß es nicht – nahm sie das Tuch aus seiner Hand. Eiligst lief sie davon, und damit nicht eine Verzögerung die Gefahr der Rückforderung nach sich zöge, durchschnitt sie es mit einer Schere. Da fand sie aber, daß das zerschnittene Tuch für ein Kleid nicht ausreiche. Weil sie das erste Mal seine Güte erfahren hatte, kehrte sie zum Heiligen zurück und gab zu verstehen, daß das Tuch nicht reiche. Da richtete der Heilige seine Augen auf seinen Begleiter, der ebenfalls ein solches Tuch um die Schultern trug, und sagte zu ihm: „Bruder, hörst du, was die Arme da sagt? Um der Liebe Gottes willen wollen wir die Kälte ertragen; gib der Armen dein Tuch, damit es zu einem Kleid reicht!“ Er hatte das seine gegeben, der Gefährte schenkte es auch, und so blieben beide halbentblößt zurück, nur damit die Alte sich kleiden konnte. (2 Cel 86)

Der neue Mantel

Der selige Franziskus trug einen neuen Mantel, um den sich die Brüder eigens für ihn bemüht hatten. Da kam ein Armer daher und jammerte, daß ihm die Gattin gestorben und die Familie in Not und Armut hinterblieben sei. Der Heilige sagte zu ihm: „Diesen Mantel will ich dir um der Liebe Gottes willen geben, jedoch unter der Bedingung, daß du ihn an niemanden weitergibst, außer er bezahlt ihn gut." Eilig liefen die Brüder herzu, um den Mantel wegzunehmen und diese Schenkung zu verhindern. Doch der Arme las im Gesichtsausdruck des heiligen Vaters Ermutigung und verteidigte mit Händen und Füßen den Mantel als sein Eigentum. Schließlich mußten die Brüder den Mantel zurückkaufen, und der Arme ging mit dem Kaufpreis davon. (2 Cel 88)

Wie er das Neue Testament verschenkte

Einst kam die Mutter zweier Brüder zum Heiligen und bat ihn vertrauensvoll um ein Almosen. Der heilige Vater hatte Mitleid mit ihr und sprach zu seinem Vikar, Bruder Petrus Cathanii: „Können wir unserer Mutter ein Almosen geben?" Die Mutter eines Bruders nannte er nämlich seine und aller Brüder Mutter. Bruder Petrus gab ihm zur Antwort: „Im Hause ist nichts übrig, was man ihr geben könnte. Doch", fügte er hinzu, „haben wir ein Neues Testament, aus dem wir, weil wir kein Brevier haben, zur Matutin die Lektionen lesen." Da forderte ihn der selige Franziskus auf: „Gib das Neue Testament unserer Mutter! Sie soll es verkaufen um ihrer Not willen; denn eben dieses Buch mahnt uns, den Armen zu Hilfe zu kommen. Ich glaube, daß es Gott mehr gefallen wird, wir verschenken es, als wir lesen daraus.“ Man gab also der Frau das Buch, und so wurde das erste Neue Testament, das im Orden vorhanden war, aus solch heiliger Liebe verschenkt. (2 Cel 91)

Soldaten

Als der selige Franziskus einmal in Bagni weilte, welches über der Stadt Nocera gelegen ist, begannen seine Füße heftig anzuschwellen, denn er war an der Wassersucht erkrankt, und er ward von einer großen Schwäche befallen. Als man das in Assisi hörte, begaben sich eilig einige Soldaten zu ihm, um ihn nach Assisi zu bringen, denn sie fürchteten, er werde dort sterben und andere würden in den Besitz seines heiligen Leibes kommen.

Auf dem Rückwege ruhten sie in einem Kastell des Stadtgebietes von Assisi aus, um dort zu essen; und der selige Franziskus ruhte in dem Haus eines Armen, der ihn gerne und in Freuden aufnahm. Die Soldaten durchstreiften das Kastell, um einzukaufen, fanden aber nichts. Da kehrten sie zum seligen Franziskus zurück und sprachen zu ihm, um ihn zu trösten: „Brüder, ihr müßt uns von euren Almosen geben, denn hier gibt es nichts zu kaufen!“ Und es sprach zu ihnen der selige Franziskus mit großer Glut des Geistes: „Darum findet ihr nichts, weil ihr nur auf euer Geld vertraut und nicht auf Gott! Aber kehret zurück in die Häuser, in denen ihr wart, um etwas zu kaufen, legt eure Scheu ab und bittet dort aus Liebe zu Gott, dem Herrn, um ein Almosen; und der Heilige Geist wird über die Menschen kommen, und sie werden euch in Fülle geben.“ Da gingen sie hin und baten um ein Almosen, wie es ihnen der selige Franziskus gesagt hatte; und alle, die sie darum baten, gaben ihnen freudig und in Fülle von allem, was sie hatten; und als die Soldaten merkten, daß ihnen dies auf wunderbare Weise geschah, lobten sie den Herrn und kehrten in großer Freude zum seligen Franziskus zurück. (Spiegel der Vollkommenheit, 22)

Wie Franziskus seinen Habit verschenkte

Als er einmal predigend durch eine Provinz des Ordens zog, begegneten ihm zwei aus Frankreich gebürtige Brüder; nachdem sie viel Trost von ihm empfangen hatten, baten sie ihn aus Liebe zu Gott um seine Kutte. Sowie er das Wort „aus Liebe zu Gott" hörte, zog er sogleich seine Kutte aus, gab sie ihnen und blieb etwa eine Stunde lang nackt.

Denn wenn man ihn „aus Liebe zu Gott" um einen Gürtel, eine Kutte oder um irgendetwas anderes bat, verweigerte er es nie; aber es mißfiel ihm sehr, und er tadelte darum oft seine Brüder, wenn er sie ohne Sinn „aus Liebe zu Gott" sagen hörte. Denn er sagte: „So überaus hoch und kostbar ist die Liebe Gottes, daß man sie nur selten und in großer Not und in tiefer Ehrfurcht nennen sollte."

Aber einer jener beiden Brüder zog seine Kutte aus und gab sie ihm. – So kam er oft in große Bedrängnis, wenn er jemand seine Kutte oder ein Stück davon gab, weil er sich nie so rasch eine andere beschaffen konnte. Auch wollte er immer eine ärmliche Kutte haben, innen und außen mit Flicken besetzt; nie oder nur selten wollte er eine Kutte aus neuem Stoff tragen; sondern er verschaffte sich dann für einige Zeit die Kutte eines andern Bruders, und zuweilen nahm er von einem Bruder die Hälfte der Kutte und von einem andern Bruder die andere Hälfte. Auf der Haut trug er manchmal wegen seiner häufigen Krankheiten und wegen der Schwäche seines Magens und seiner Milz ein Kleid aus neuem Stoff. (Spiegel der Vollkommenheit, 34)

Wie man über die Brüder dachte

Viele hielten sie für Betrüger und Narren und wollten sie nicht in ihr Haus aufnehmen aus Furcht, daß sie wie Diebe ihr Eigentum heimlich wegschafften. Deshalb übernachteten sie, nachdem man ihnen an vielen Orten großes Unrecht getan hatte, in Vorhallen von Kirchen und Häusern. Damals hielten sich zwei von ihnen in Florenz auf. Sie bettelten durch die Stadt, konnten aber keine Unterkunft finden. Da kamen sie aber zu einem Haus, das eine Vorhalle hatte, und in der Vorhalle einen Backofen. Da sagte einer zum andern: „Hier werden wir eine Unterkunft finden können." Sie baten die Herrin des Hauses, sie möge sie in ihrem Hause aufnehmen. Als sie die Bitte verweigerte, sagten sie demütig, sie möchte ihnen erlauben, daß sie doch wenigstens für diese Nacht neben dem Backofen schlafen dürften. Als sie dies gestattet hatte, kam ihr Mann und sagte zu ihr: „Warum hast du diesen Landstreichern Unterkunft in unserer Vorhalle gewährt?" Sie erwiderte, sie hätte sie nicht ins Haus aufnehmen wollen, sondern ihnen (nur) erlaubt, sich außerhalb in der Vorhalle niederzulegen, wo sie nur Holz stehlen könnten. Der Mann wollte ihnen auch keinerlei Decke geben, obschon große Kälte herrschte; er meinte nämlich, sie seien Landstreicher und Diebe.

Nachdem sie in jener Nacht bis zur Morgenfrühe neben dem Backofen nach sehr mäßigem Schlaf geruht hatten, gewärmt allein durch göttliche Glut und geschützt durch die Decke der Herrin Armut, gingen sie in die nächste Kirche, um am Frühgottesdienst teilzunehmen. Und als es Morgen geworden war, ging jene Frau in die nämliche Kirche und erblickte die Brüder, wie sie andächtig im Gebet verharrten. Sie sagte bei sich: „Wenn diese Männer Landstreicher und Diebe wären, wie mein Mann sagte, würden sie nicht so ehrerbietig im Gebet verharren. Während sie dies überlegte, siehe, da verteilte ein Mann namens Guido den in der

Kirche weilenden Armen Almosen. Als er zu den Brüdern gekommen war und jedem von ihnen Geld geben wollte, wie er den anderen gab, wiesen sie das Geld zurück und wollten es nicht annehmen. Jener aber sprach: „Warum nehmt ihr, obschon ihr arm seid, die Geldstücke nicht an wie die anderen?“ Bruder Bernhard antwortete: „Es ist richtig, wir sind arm; doch uns ist die Armut nicht drückend wie anderen Armen. Denn wir sind durch Gottes Gnade, dessen Rat wir erfüllt haben, freiwillig arm geworden.“ Jener Mann wunderte sich über sie und fragte, ob sie je etwas besessen hätten, und hörte von ihnen, sie hätten viel Besitz gehabt, aber aus Liebe zu Gott alles verschenkt. Derjenige aber, der so antwortete, war jener Bruder Bernhard, der zweite nach dem seligen Franziskus, den wir heute wahrhaft für einen sehr heiligen Bruder halten.

Denn er nahm zuerst die Botschaft vom Frieden und von der Buße gerne auf und folgte voll Eifer dem Heiligen Gottes nach, indem er alles, was er besaß, verkaufte, es unter die Armen verteilte und nach dem Rat zur evangelischen Vollkommenheit bis zum Tode in heiligster Reinheit ausharrte. Die genannte Frau überlegte also reiflich, daß die Brüder die Geldstücke nicht gewollt hatten. Sie ging zu ihnen hin und sagte, sie wolle sie gerne in ihr Haus aufnehmen, wenn sie als Gäste dort einkehren wollten. Demütig erwiderten ihr aber die Brüder: „Der Herr möge dir den guten Willen vergelten!“ Als aber der vorher genannte Mann hörte, daß die Brüder keine Unterkunft hatten finden können, führte er sie in sein Haus und sagte: „Seht die Unterkunft, die euch vom Herrn bereitet ist. Bleibt da, solange ihr wollt!“ Und jene dankten Gott und blieben einige Tage bei dem Mann. Durch ihr Beispiel wie durch ihr Wort bestärkten sie ihn in der Furcht des Herrn, so daß er später den Armen reichlich geschenkt hat. (DreiGefLeg 38,39)

Wie ihm eine Kirche geschenkt wurde

Als der selige Franziskus sah, daß der Herr die Zahl der Brüder mehren wollte, sagte er zu ihnen: „Meine liebsten Brüder und Söhne, ich sehe, daß der Herr uns vermehren will. Deshalb erscheint es mir gut und dem Ordensleben angemessen, daß wir vom Bischof oder den Kanonikern von St. Rufino oder vom Abt von St. Benedikt uns eine Kirche beschaffen, wo die Brüder ihre Tagzeiten beten können. Und bei der Kirche sollen sie nur ein kleines, ärmliches Haus haben, aus Lehm und Rutengeflecht errichtet, wo die Brüder ausruhen und schaffen können. Denn die jetzige Niederlassung ist für die Brüder nicht würdig und ausreichend, nachdem der Herr sie mehren will, und vor allem, weil wir hier keine Kirche haben, wo die Brüder ihre Tagzeiten beten können. Und wenn ein Bruder sterben sollte, wäre es würdelos, ihn hier oder in einer Kirche der Weltgeistlichen zu begraben."

Und diese Rede gefiel allen Brüdern.

Er ging also zum Bischof von Assisi und legte ihm seinen Wunsch dar. Der Bischof sagte ihm: „Bruder, ich habe keine Kirche, die ich euch geben könnte." Und das gleiche gaben ihm die Kanoniker zur Antwort. Danach ging er zum Abt von St. Benedikt am Monte Subasio und sagte ihm daßelbe. Der Abt aber, von Mitleid bewegt, beriet sich mit seinen Mönchen, und durch das Wirken der Gnade und des göttlichen Willens überließ er dem seligen Franziskus die Kirche Santa Maria von Portiuncula als die kleinste und armseligste Kirche, die sie hatten. Und der Abt sagte dem seligen Franziskus: „Bruder, sieh, wir haben deine Bitte erhört. Aber wenn der Herr eure Gemeinschaft vermehrt, wollen wir, daß dieser Ort der Hauptort für euch alle sei."

Diese Rede gefiel dem seligen Franziskus und seinen Brüdern, und der selige Franziskus freute sich sehr darüber, daß dieser Ort den Brüdern überlassen worden war, vor allem aber, weil die Kirche den Namen der Mutter Christi trug. Er freute sich, weil die Kirche so klein und ärmlich war. Er freute sich auch, weil die Kirche „Portiuncula“ genannt wurde, worin versinnbildet war, daß sie Mutter und Haupt der armen Minderen Brüder sein sollte. Die Kirche wurde „Portiuncula“ genannt, weil das gesamte Gebiet früher „Portiuncula“ genannt wurde.

Daher sagte der selige Franziskus: „Darum wollte der Herr nicht, daß den Brüdern eine andere Kirche geschenkt wurde, noch daß damals die ersten Brüder sich eine neue Kirche erbaut hätten außer dieser. Denn in ihr hat sich eine Prophezeiung über das Kommen der Minderen Brüder erfüllt.“

Und obwohl diese Kirche ärmlich und fast schon zerfallen war, hatten doch die Leute von der Stadt Assisi und jenes ganzen Landstriches die größte Verehrung für diese Kirche, und sie haben bis heute eine immer größere Verehrung, die täglich noch wächst. Und alsbald nachdem die Brüder dorthin gegangen waren, um dort zu bleiben, vermehrte der Herr fast täglich ihre Zahl, und der Wohlgeruch ihres Rufes verbreitete sich in wunderbarer Weise im gesamten Spoleto-Tal und in vielen Teilen der Welt.

Von alters her jedoch wurde der Ort Sancta Maria von den Engeln genannt, weil dort, wie man sagt, öfter Gesänge von Engeln gehört worden sind.

Und obwohl der Abt und die Mönche die Kirche dem seligen Franziskus und seinen Brüdern ohne Auflagen überlassen hatten, wollte der selige Franziskus dennoch als guter und erfahrener Meister sein Haus, das heißt: seinen Orden, auf festen Felsen gründen, nämlich auf die höchste Armut. Darum schickte er jährlich dem genannten Abt und den Mönchen einen Spankorb oder geflochtenen Korb, gefüllt mit kleinen Fischen, die Rotaugen genannt wurden. Er tat das zum Zeichen der größeren Demut und Armut. Denn die Brüder sollten keine Niederlassung als Eigentum besitzen und auch an keinem Orte weilen, der nicht zum Eigentum anderer Leute gehörte, auf daß die Brüder niemals in irgendeiner Weise die Vollmacht hätten, etwas zu verkaufen oder zu veräußern. Wenn aber die Brüder den Mönchen jedes Jahr die Fische brachten, gaben diese wegen der Demut des seligen Franziskus, der dies freiwillig tat, ihnen ein Gefäß voll Öl. (Spiegel der Vollkommenheit, 55)

Wahrhaftes Leben

Es hatte den Anschein, als ob in jener Zeit, sei es durch die Gegenwart des heiligen Franziskus oder infolge seines Rufes, ein ganz neues Licht vom Himmel auf die Erde gesandt worden sei, das alle Dunkelheit und Finsternis zerstreute, die fast die ganze Erde überlagert hatte, daß man kaum wußte, wo man den Ausweg finde ... Da strahlte Franziskus wie ein glänzender Stern in finsterer Nacht und wie der Morgen, der über die Dunkelheit sich ausbreitet. (1 Cel 36/37)

Die Stimme vom Kreuz

Als er einige Tage nachher an der Kirche S. Damiano vorbeiging, wurde ihm im Geiste gesagt, er solle zum Beten hineingehen. Er betrat die Kirche und begann innig vor einem Bild des Gekreuzigten zu beten, das ihn liebevoll und gütig ansprach, indem es sagte: „Franziskus, siehst du nicht, daß mein Haus in Verfall gerät? Geh also hin und stelle es mir wieder her!" Zitternd und staunend sprach Franziskus: „Gerne, Herr, will ich es tun." Er meinte nämlich, daß sich das Wort auf jene Kirche S. Damiano beziehe, der ihres hohen Alters wegen ein baldiger Einsturz drohte. Jene Anrede aber erfüllte ihn mit so großer Freude und erleuchtete ihn mit so hellem Licht, daß er Christus den Gekreuzigten, der zu ihm gesprochen, wahrhaft in seinem Herzen fühlte. Als er aber aus der Kirche trat, fand er den Priester neben ihr sitzen, griff mit seiner Hand in die Börse und überreichte ihm eine nicht geringe Summe Geldes mit den Worten: „Ich bitte dich, Herr, kaufe Öl und laß immer die Lampe vor jenem Kruzifix brennen; und wenn das Geld dafür aufgebraucht ist, so gebe ich dir wiederum soviel, wie dienlich ist."

Von jener Stunde an war sein Herz verwundet ..." (DreiGefLeg 13)

Wahrhaftes Leben

Einmal hatte der Heilige zur Winterszeit seinen schmächtigen Leib nur mit einem einzigen Habit bedeckt, der noch dazu mit völlig wertlosen Stoffstücken ausgebessert war. Da verschaffte sich sein Guardian, der zugleich auch sein Gefährte war, ein Stück Fuchspelz, brachte es ihm und sagte: „Vater, du leidest an einer Milz- und Magenkrankheit. Ich bitte dich bei deiner Liebe im Herrn, laß unter deinem Habit dieses Pelzstück aufnähen. Wenn du aber nicht das ganze Stück willst, so laß es wenigstens auf der Stelle des Magens geschehen." Ihm erwiderte der selige Franziskus: „Wenn du willst, daß ich dies unter dem Habit dulde, so laß mir ein Pelzstück von demselben Ausmaße auch außen anbringen. Dieses außen aufgenähte Stück soll den Leuten den unter dem Habit verborgenen Pelz anzeigen." Der Bruder hörte den Vorschlag, billigte ihn jedoch nicht; er bat den Heiligen inständig, konnte jedoch nichts anderes erreichen. Schließlich gab sich der Guardian zufrieden, und Pelzstück wurde über Pelzstück genäht, damit Franziskus nach außen sich nicht anders zeige als innen. (2 Cel 130)

Bruder Johannes

Franziskus begab sich einmal in eine Kirche der Stadt Assisi und begann in Demut, sie auszufegen und zu reinigen. Und sogleich ging die Kunde davon durch die ganze Stadt. Denn die Menschen dort sahen ihn gerne und hörten ihn noch lieber. Als aber ein Bauer, Johannes geheißen, ein Mann von wunderbarer Einfalt, der gerade seinen Acker pflügte, das hörte, begab er sich sogleich zu ihm und fand ihn, wie er demütig und fromm die Kirche ausfegte.

Und während alle anderen sich niedersetzten, sprach er zum seligen Franziskus: „Bruder, ich hatte schon lange den Willen, Gott zu dienen, vor allem seit ich von dir und deinen Brüdern hörte, aber ich wußte nicht, wie ich zu dir kommen sollte. Da es aber dem Herrn jetzt gefallen hat, daß ich dich sehe, will ich alles tun, was dir gefällt."

Der selige Franziskus sah seine Glut und frohlockte im Herrn, weil er damals nur wenige Brüder hatte, und es schien ihm, als würde er wegen seiner Einfalt und Reinheit ein guter Mönch werden. Er sprach aber zu ihm: „Bruder, wenn du zu unserm Leben und zu unserer Gemeinschaft gehören willst, dann mußt du dich von allem entblößen, was du ohne Ärgernis weggeben kannst, und es nach dem Rate des heiligen Evangeliums den Armen geben, denn alle meine Brüder haben es getan, soweit sie es vermochten."

Als der Bauer das gehört hatte, ging er sogleich zu dem Acker, wo er die Ochsen zurückgelassen hatte, und schirrte sie ab. Einen davon führte er zum seligen Franziskus und sprach zu ihm: „Bruder, so viele Jahre habe ich meinem Vater und allen meinen Hausgenossen gedient. Und wenn dieses mein Erbe auch nur klein ist, so will ich dennoch diesen Ochsen als mein einziges Erbe den Armen geben, weil es dir so gefällt."

Als aber die Eltern und seine Brüder, die noch klein waren, sahen, daß er sie verlassen wollte, fingen alle, die zu seinem Haus gehörten, heftig an zu weinen und setzten ihm unter Tränen mit schmerzerfüllten Worten zu, so daß der selige Franziskus von Mitleid ergriffen wurde, weil es eine große und sehr hilflose Familie war. Und es sprach zu ihnen der selige Franziskus: „Bereitet uns allen ein Mahl, und wir werden alle bei euch essen, und weinet nicht, denn ich werde euch sehr fröhlich machen." Jene aber bereiteten sofort das Mahl, und sie aßen alle zusammen mit großer Freude.

Nach dem Mahle aber sprach zu ihnen der selige Franziskus: „Dieser euer Sohn will Gott dienen, und darüber dürft ihr nicht traurig sein, sondern ihr müßt euch sehr darüber freuen. Denn es ist für euch nicht nur bei Gott, sondern auch in der Welt eine große Ehre und dient dem Heile der Seele und des Leibes, wenn aus eurem Fleisch Gott geehrt wird; und alle unsere Brüder werden eure Söhne und Brüder sein. Doch weil er ein Geschöpf Gottes ist und seinem Schöpfer dienen will, kann und darf ich ihn euch nicht zurückgeben; damit ihr aber einen Trost dafür habet, will ich, daß er sich dieses Ochsen enteigne und ihn euch gebe, weil ihr arm seid, wenn er ihn auch nach dem Evangelium andern Armen geben müßte."

Und es wurden alle getröstet durch die Worte des seligen Franziskus, und besonders freuten sie sich über den Ochsen, der ihnen zurückgegeben wurde, denn sie waren sehr arm.

Und weil der selige Franziskus bei sich und bei andern die reine und heilige Einfalt sehr liebte, bekleidete er ihn sogleich mit dem Ordensgewande und nahm ihn in Demut als seinen Gefährten mit sich. Er war aber von so großer Einfalt, daß er alles, was der selige Franziskus tat, auch tun zu müssen glaubte. Wenn daher der selige Franziskus in einer Kirche oder in einem andern Hause stand, um zu beten, wollte jener ihn sehen, um sich in allen Bewegungen und Gebärden ihm völlig anzugleichen. Und wenn der selige Franziskus die Knie beugte oder die Hände zum Himmel erhob oder ausspuckte oder hustete oder seufzte, so tat er dieses alles in gleicher Weise. Als aber der selige Franziskus dies bemerkte, freute er sich sehr, tadelte ihn aber doch für diese Einfalt. Aber jener antwortete ihm: „Bruder, ich habe versprochen, alles zu tun, was du tust, und so muß ich dir in allem gleich werden." Und der selige Franziskus wunderte und freute sich darüber, als er in ihm eine so große Reinheit und Einfalt sah. (Spiegel der Vollkommenheit, 101–103)

Die vollkommene Freude

Als der heilige Franziskus einmal mit Bruder Leo zur Winterszeit von Perugia nach Santa Maria degli Angeli ging und die große Kälte ihm hart zusetzte, rief er Bruder Leo, der ein wenig vorausging, und sprach zu ihm: „O Bruder Leo, auch wenn die Minderbrüder in jedem Land ein großartiges Beispiel der Heiligkeit und Erbaulichkeit zum Guten gäben: merke dir und schreibe es sorgfältig auf, daß darin dennoch nicht die *vollkommene Freude* besteht." Und als der heilige Franziskus ein Stück weiterging, rief er ihn ein zweites Mal: „O Bruder Leo, auch wenn der Minderbruder *Blinden das Augenlicht* schenkte, Verkrüppelte aufrichtete, Dämonen austriebe, *Taube hören, Lahme gehen, Stumme sprechen* machte und, was noch größer wäre, einen auferweckte, der *schon vier Tage tot* war: schreibe, daß darin nicht die vollkommene Freude besteht." Nach einem kurzen Stück Weges rief der heilige Franziskus laut: „O Bruder Leo, wenn der Minderbruder alle *Sprachen* und *alle Wissenschaften* und alle Schriften verstünde, ja, wenn er verstünde zu prophezeien und nicht bloß zukünftige Dinge, sondern auch die Geheimnisse der Seele zu offenbaren: schreibe, daß darin nicht die vollkommene Freude besteht." Als sie wieder ein Stück weitergegangen waren, rief der heilige Franziskus noch einmal laut: „O Bruder Leo, Lämmlein Gottes, wenn der Minderbruder auch die *Sprache der Engel spräche, den Lauf der Sterne kennte* und *die Kräfte der Kräuter*, wenn ihm alle Schätze der Erde geoffenbart würden und er wüsste *um das Wesen* der Vögel und der Fische und *aller Tiere*, der Menschen und der Bäume, der Felsen und Wurzeln und der Gewässer: schreibe, daß darin nicht die vollkommene Freude besteht." Und wiederum nach einem Stück Weges rief der heilige Franziskus laut: „O Bruder Leo, wenn auch der Minderbruder so gut predigen könnte, daß er dadurch alle Ungläubigen zum Glauben an Christus bekehrte: schreibe, daß darin nicht die vollkommene Freude besteht."

Da dieses eigentümliche Gespräch nun schon gut zwei Meilen des Weges so verlief, fragte ihn Bruder Leo mit großer Verwunderung: „Vater, ich bitte dich im Namen Gottes, sag mir doch, worin nun die vollkommene Freude liegt." Der heilige Franziskus antwortete ihm: „Wenn wir nach Santa Maria degli Angeli kommen, durchnäßt vom Regen, vor Kälte steif gefroren, bedeckt mit Schmutz und geplagt von Hunger, und wir klopfen an die Pforte der Niederlassung, und der Pförtner kommt zornig heraus und sagt: ‚Wer seid ihr?', wir aber sagen: ‚Wir sind zwei eurer Brüder.' Und er antwortet: ‚Ihr sagt nicht die Wahrheit. Zwei Räuber seid ihr, die in betrügerischer Absicht durch die Welt ziehen und die Almosen der Armen rauben. Geht fort!' Und er öffnet uns nicht, sondern läßt uns draußen stehen in Schnee und Regen, kalt und hungrig bis in die Nacht. Wenn wir dann so großes Unrecht, solche Grausamkeit und solche Zurückweisungen geduldig ertragen, ohne Aufregung und ohne über ihn zu murren; wenn wir demütig und wohlwollend denken, daß dieser Pförtner uns wirklich kennt und daß ihn Gott gegen uns sprechen lässt: o Bruder Leo, schreibe, daß darin die vollkommene Freude liegt. Und wenn wir dann nicht aufhören anzuklopfen, und er kommt zornig heraus und jagt uns mit Schimpfen und Ohrfeigen fort wie nichtsnutzige Lumpen, indem er sagt: ‚Packt euch fort von hier, elende Gauner! Geht zum Hospital, denn hier werdet ihr nicht essen und übernachten!' Wenn wir das geduldig, mit Fröhlichkeit und gütiger Liebe ertragen: o Bruder Leo, schreibe, daß darin die vollkommene Freude besteht. Und wenn wir dann, gezwungen durch Hunger, Kälte und die

Nacht, immer noch klopfen und rufen um der Liebe Gottes willen, dieser aber noch mehr verärgert sagt: ‚Das sind doch alles nichtsnutzige Lumpen! Ich werde ihnen heimzahlen, wie sie es verdienen.' Und er kommt heraus mit einem Knüppel, packt uns bei der Kapuze, stößt uns zu Boden, wirft uns in den Schnee und versetzt uns mit jenem Stock einen Hieb nach dem anderen: Wenn wir das alles geduldig und mit Fröhlichkeit ertragen, indem wir an die Leiden Christi, des Gebenedeiten, denken, die wir um seiner Liebe willen ertragen müssen, o Bruder Leo, schreibe, daß darin die vollkommene Freude besteht.

Höre aber jetzt die Schlussfolgerung daraus, Bruder Leo: Über alle Gnaden und Gaben des Heiligen Geistes hinaus, die Christus seinen Freunden gewährt, geht es darum, sich selbst zu besiegen und um der Liebe Christi willen gerne Leiden, Unrecht, Schmähungen und Drangsale zu ertragen. Denn all der andern Gaben Gottes können wir uns nicht rühmen, da sie nicht uns, sondern Gott gehören, weshalb der Apostel sagt: *Was hast du, das du nicht von Gott hast? Wenn du es aber von ihm empfangen hast, was rühmst du dich, als ob du es aus dir selbst hättest* (1 Kor 4,7)? Aber im Kreuze der Bedrängnis und Betrübnis können wir uns rühmen, denn dieses gehört uns, und deshalb sagt der Apostel: *Ich will mich nicht rühmen, außer im Kreuze unseres Herrn Jesus Christus* (Gal 6,14). Ihm sei allezeit Ehre und Herrlichkeit von Ewigkeit zu Ewigkeit. Amen." (Fioretti, 8)

Der vollkommene Minderbruder

Nachdem der selige Vater Franziskus durch das Feuer der Liebe und die Glut des Eifers, womit er um die Vollkommenheit seiner Brüder bemüht war, den heiligen Brüdern seines Ordens ähnlich geworden war, überlegte er oft bei sich selber, mit welchen Eigenschaften und Tugenden ein vollkommener Minderbruder geschmückt sein müsse. Und er sagte, daß der ein guter Bruder sei, dessen Leben und dessen Eigenschaften denen jener heiligen Brüder entspräche, nämlich der vollkommenen Liebe zur Armut des Bruders Bernhard; der Einfalt und Reinheit des Bruders Leo, der in Wahrheit von heiligster Reinheit war; der Liebenswürdigkeit des Bruders Angelus, der der erste Soldat war, der zum Orden kam und der mit aller Heiterkeit und Güte geschmückt war; dem heiteren Angesicht, dem natürlichen Sinn und der schönen und frommen Redeweise des Bruders Masseus; dem hohen Geiste der Betrachtung, den Bruder Ägidius bis zur höchsten Vollkommenheit besaß; dem tugendsamen und beharrlichen Gebete des Bruders Rufinus, der unablässig betete, denn sein Geist weilte stets beim Herrn, auch wenn er schlief oder arbeitete; der Geduld des Bruders Juniperus, dessen Geduld so vollkommen war wegen seiner vollendeten Einsicht in seine eigene Sündhaftigkeit, die er stets vor Augen hatte, und wegen seiner heißen Sehnsucht, Christus auf seinem Kreuzwege nachzufolgen; der Kraft des Leibes und des Geistes des Bruders Johannes de Laudibus, der in jener Zeit an Körperkraft vielleicht allen Menschen überlegen war; der Liebe des Bruders Rogerius, dessen ganzes Leben in der Glut der Liebe dahinging; dem Hang des Bruders Lucidus zur Einsamkeit, der die Einsamkeit überaus liebte und nie länger als einen Monat an dem gleichen Orte bleiben wollte, denn wenn es ihm irgendwo gefiel, dann kehrte er sogleich zurück und sprach: „Wir haben unsere Wohnung nicht hier, sondern im Himmel." (Spiegel der Vollkommenheit, 85)

Die zweite Regel

Nachdem die zweite Regel, die der selige Franziskus verfaßt hatte, verloren gegangen war, stieg er mit Bruder Leo von

Assisi und Bruder Bonizo von Bologna auf einen Berg, um eine andere Regel zu schaffen, die er auf Geheiß Christi niederschreiben ließ.

Es versammelten sich aber mehrere Minister bei Bruder Elias, der Vikar des seligen Franziskus war, und sagten ihm: „Wir haben gehört, daß dieser Bruder Franziskus eine neue Regel macht. Wir befürchten aber, daß er sie zu streng macht, so daß wir sie nicht beobachten können. Wir wollen also, daß du zu ihm gehst und ihm sagst, daß wir auf diese Regel nicht verpflichtet sein wollen; er möge sie für sich und nicht für uns machen."

Ihnen antwortete Bruder Elias, daß er nicht gewillt sei, zu gehen. Er fürchtete eine Zurechtweisung des seligen Franziskus. Als sie nun darauf bestanden, daß er gehen solle, sagte er, daß er nicht ohne sie gehen werde. Und so gingen sie alle zusammen. Als nun Bruder Elias nahe bei der Stelle war, wo sich der selige Franziskus aufhielt, rief er diesen. Als der selige Franziskus die erwähnten Brüder sah, sagte er: „Was wollen diese Brüder?" Und Bruder Elias antwortete: „Dies sind Minister, die gehört haben, daß du eine neue Regel machen willst; sie fürchten, daß du sie zu streng machst und sagen und erklären, sie wollen nicht auf sie verpflichtet sein; du mögest sie für dich und nicht für sie machen."

Da wandte der selige Franziskus sein Antlitz zum Himmel und sprach also zu Christus: „Herr, habe ich dir nicht zu Recht gesagt, daß sie mir nicht glauben würden?" Da hörten alle die Stimme Christi aus der Luft, der antwortete: „Franziskus, in der Regel ist nichts von dir, sondern alles, was darin ist, ist mein, und ich will, daß die Regel auf den Buchstaben, auf den Buchstaben, ohne Glosse, ohne Glosse, ohne Glosse beobachtet werden soll." Und er fügte hinzu: „Ich weiß, was die menschliche Gebrechlichkeit vermag und wie sehr ich ihnen helfen will. Diejenigen, die sie (die Regel) nicht beobachten wollen, sollen aus dem Orden austreten." Da wandte sich der selige Franziskus zu jenen Brüdern und sagte ihnen: „Ihr habt es gehört! Ihr habt es gehört! Wollt ihr, daß ich es noch einmal sagen lasse?" Daraufhin beschimpften sich die Minister gegenseitig; verwirrt und erschrocken gingen sie fort. (Spiegel der Vollkommenheit, 1)

Vom Umgang mit Geld

Franziskus, der wahre Freund und Nachahmer Christi, verachtete völlig alles, was von der Welt ist, und verwünschte mehr als alles das Geld. Dieses zu meiden wie den Teufel, leitete er seine Brüder mit Wort und Beispiel an. Diese wache Achtsamkeit nämlich war den Brüdern gegeben worden, daß sie Kot und Geld als gleichwertig einschätzten.

Es geschah nun eines Tages, daß ein Weltmann die Kirche der seligen Maria von Portiuncula betrat, um zu beten, und Geld als Opfergabe neben das Kreuz legte. Als dieser fortging, faßte es ein Bruder in einfältiger Art an und legte es in ein Fenster. Als es dem seligen Franziskus gesagt wurde, sah der Bruder sich ertappt und eilte sofort zurück, um Verzeihung zu erbitten, und warf sich auf den Boden nieder und erwartete Schläge.

Der selige Franziskus tadelte ihn und schalt ihn hart, weil er das Geld berührt hatte, und befahl ihm, es mit seinem Mund vom Fenster wegzunehmen und es hinter die Hecke der Niederlassung zu tragen und es mit dem eigenen Mund auf Eselsmist zu legen. (Spiegel der Vollkommenheit, 14)

Bruder Drohne

Am Beginn des Ordens, als die Brüder zu Rivotorto nahe bei Assisi weilten, war unter ihnen ein Bruder, der wenig betete und nicht arbeitete, nicht um Almosen gehen wollte und gut aß. Als der selige Franziskus das bedachte, erkannte er durch den Heiligen Geist, daß es ein fleischlich gesinnter Mensch war, und sagte zu ihm: „Geh deines Weges, Bruder Mücke, denn du willst von der Arbeit deiner Brüder essen und müßig im Werke Gottes sein wie eine faule und unfruchtbare Drohne, die nichts hereinbringt und nichts arbeitet und von der Arbeit und dem Ertrag der guten Bienen ißt." (Spiegel der Vollkommenheit, 24)

Predigterlaubnis

Als er eines Tages nach Imola kam, ging er zum Bischof der Stadt und bat ihn demütig, ob er mit seiner Erlaubnis das Volk zur Predigt zusammenrufen dürfe. Doch der Bischof gab ihm barsch zur Antwort: „Bruder, es genügt, wenn ich dem Volke predige." In echter Demut neigte Franziskus sein Haupt und ging weg, kam aber nach einer knappen Stunde wieder. Als der Bischof ihn nun etwas erregt fragte, um was er schon wieder bitten wolle, gab er mit demütigem Herzen und demütiger Stimme zur Antwort: „Herr, wenn ein Vater seinen Sohn zu der einen Tür hinausweist, kommt er schicklich zur anderen wieder herein." Von solcher Demut geschlagen, umarmte ihn der Bischof freudig und sprach: „Du und alle deine Brüder sollen künftig mit meiner allgemeinen Erlaubnis in meinem Bistum predigen dürfen, denn das verdient deine heilige Demut." (LegMaj VI, 8)

Die Liebe als Vorbild

Mochte er auch sein Bestes tun, um die Brüder zu einem strengen Leben anzuleiten, so gefiel ihm doch nicht jene unnahbare Strenge, die kein herzliches Erbarmen kennt und nicht mit dem Salz des klugen Maßhaltens gewürzt ist. Denn als eines Nachts ein Bruder wegen seines zu strengen Fastens so vom Hunger gequält wurde, daß er keine Ruhe fand, und der gütige Hirt erkannte, seinem Schäflein drohe Gefahr, rief er den Bruder, brachte Brot herbei und begann, um ihm die Scheu zu nehmen, als erster zu essen und forderte ihn liebevoll zum Essen auf. Da überwand der Bruder alle Verlegenheit, nahm von der Speise und freute sich gar sehr, daß die umsichtige Milde seines Hirten ihn von körperlichem Weh befreit und ihm zur Erbauung ein nicht alltägliches Beispiel gegeben hatte. Am anderen Morgen aber rief der Gottesmann seine Brüder zu sich und berichtete ihnen, was sich in der Nacht zugetragen hatte. Dann schloß er mit der weitschauenden Mahnung: „Brüder, nehmt euch nicht das Essen, sondern die Liebe zum Vorbild!" (LegMaj V, 7)

Trauben für den kranken Bruder

Als der selige Franziskus einmal an demselben Orte weilte, wurde ein frommer Bruder, der schon lange im Orden war, krank und sehr schwach. Als der selige Franziskus ihn sah, hatte er Mitleid mit ihm; aber weil damals die Brüder – die Gesunden und die Kranken – in großer Heiterkeit die Armut als eine Fülle empfanden und in ihren Krankheiten keine Medizin gebrauchten und auch keine verlangten, vielmehr gerade das zu sich nahmen, was ihrem Leib schädlich war, sprach der selige Franziskus zu sich: „Ich glaube, wenn dieser Bruder am frühen Morgen reife Trauben äße, so würde dies gut für ihn sein."

Und wie er es ausgedacht hatte, tat er es: Denn er erhob sich eines Tages am frühen Morgen, rief jenen Bruder heimlich zu sich und führte ihn auf einen Weinberg, der nahe dem Hause war. Er wählte einen Weinstock, an dem die Trauben reif zum Essen waren, setzte sich mit jenem Bruder neben den Weinstock und begann, von den Trauben zu essen, damit der Bruder sich nicht schäme, allein zu essen. Und während sie aßen, ward der Bruder gesund, und sie lobten beide den Herrn. (Spiegel der Vollkommenheit, 28)

„Heilige Spiele“

„Was sind die Diener Gottes anderes als seine Spielleute, die die Herzen der Menschen zur geistlichen Freude erheben und bewegen sollen?“ (Spiegel der Vollkommenheit, 100)

Der Traum vom Ritter

Einige Jahre später rüstete sich ein Adeliger aus der Stadt Assisi mit ritterlichen Waffen aus, um nach Apulien zu ziehen, in der Absicht, Vermögen und Ansehen zu mehren. Als Franziskus dies hörte, wünschte er sehnlich, mit jenem dorthin zu gehen, um durch einen edlen Grafen Ritter zu werden. Er stattete sich nach seinen Möglichkeiten mit kostbareren Kleidern aus als sein Mitbürger; zwar war er nicht so begütert mit Reichtum wie jener, doch um so verschwenderischer im Ausgeben. So hatte er sich allen Ernstes an die Ausführung dieses Planes gemacht und brannte vor Begier, den Kriegszug mitzumachen. Da wurde er in einer Nacht vom Herrn heimgesucht, der ihn in seiner Ruhmsucht durch ein Traumgesicht mit einem Höchstmaß von Ruhm lockte und begeisterte. Als er nämlich in jener Nacht schlief, erschien ihm jemand, rief ihn beim Namen und führte ihn in einen geräumigen und schönen Palast. Dieser war voll von Kriegswaffen, nämlich von glänzenden Schilden und sonstigem Kriegsgerät; alles hing an der Mauer und harrte des Kriegsruhmes. Franziskus war außer sich vor Freude, dachte in stiller Verwunderung, was das bedeute, und fragte, wem diese von solchem Glanz blitzenden Waffen und der so schöne Palast gehörten. Es wurde ihm zur Antwort gegeben, dies alles, samt dem Palast, gehörten ihm und seinen Rittern. Als er erwacht war, stand er daher des Morgens frohen Herzens auf und dachte weltlich, wie einer, der den Geist Gottes noch nicht voll gekostet hatte, er dürfe in diesem Palast in herrlicher Weise herrschen. Überdies hielt er das Traumgesicht für ein Vorzeichen großen Glücks und beschloß, nach Apulien zu ziehen, um bei dem erwähnten Grafen Ritter zu werden. Um so viel fröhlicher aber als sonst war er geworden, daß er denen, die sich wunderten und fragten, woher ihm solche Freude komme, antwortete: „Ich weiß, daß ich ein großer Fürst sein werde." (DreiGefLeg 6)

Bettler vor St. Peter

Es geschah aber, daß er eben damals einer Wallfahrt wegen nach Rom ging. Als er die Kirche des heiligen Petrus betrat, sah er, wie kläglich die Spenden mancher Leute waren. Da sprach er bei sich: „Wenn man doch den Fürsten der Apostel hochherzig verehren muß, warum geben dann diese Leute da so kärgliche Spenden in der Kirche, wo sein Leib ruht?" Und so legte er in heiligem Eifer die Hand an die Börse und zog sie heraus; sie war voll von Silbermünzen. Er warf sie durch die Öffnung des Altars und verursachte damit ein solches Geklirre, daß alle Herumstehenden über die hochherzige Spende in größte Verwunderung gerieten. Er aber ging hinaus vor den Eingang der Kirche, wo viele Arme sich einfanden, um Almosen zu erbetteln. Dort ließ er sich heimlich leihweise die Lumpen eines Armen geben. Dann legte er seine Kleider ab, zog jene an, stellte sich auf die Treppenstufen der Kirche zu den anderen Armen und bettelte auf französisch um Almosen. Mit Vorliebe sprach er nämlich französisch, obwohl er es nicht gut sprechen konnte. Nachher aber zog er die Lumpen wieder aus, nahm seine eigenen Kleider zurück, kehrte nach Assisi zurück und fing an, den Herrn zu bitten, er möge ihm seinen Weg zeigen. (DreiGefLeg 10)

Der Bruch mit seinem Vater

Hierauf lief der Vater zum Sitz der städtischen Gemeinde und führte Klage vor den Konsuln der Stadt über seinen Sohn; er beantragte, daß ihm das Geld, das er (Franziskus) aus dem Haus entwendet und davongetragen hatte, wieder zurückgegeben werde. Als aber die Konsuln ihn in so großer Aufregung sahen, ließen sie Franziskus durch einen Ausrufer herbeiholen, vielmehr vorladen, daß er vor ihnen erscheine. Er aber erwiderte dem Ausrufer, er sei bereits durch Gottes Gnade frei geworden und unterstehe nicht mehr den Konsuln, weil er einzig und allein Diener des höchsten Gottes sei. Die Konsuln wollten ihm nicht Gewalt antun und sagten deshalb zum Vater: „Seitdem er sich in den Dienst Gottes begeben hat, ist er aus unserer Machtbefugnis ausgeschieden.“ Als der Vater deshalb einsah, daß er bei den Konsuln nichts erreichte, brachte er beim Bischof der Stadt dieselbe Klage vor. Der Bischof aber, ein kluger und weiser Mann, ließ Franziskus in geziemender Weise vorladen, damit er vor ihm erscheine und über des Vaters Klage Antwort gebe. Und Franziskus entgegnete dem Boten: „Zum Herrn Bischof will ich kommen, denn er ist Vater und Herr der Seelen.“ Er kam also zum Bischof und wurde von ihm mit großer Freude aufgenommen.

Der Bischof aber sprach zu ihm: „Dein Vater ist gegen dich in schwere Aufregung geraten und sehr verärgert. Wenn du also Gott dienen willst, so gib ihm das Geld zurück, das du hast. Da es vielleicht auch auf unrechte Weise erworben ist, will Gott der Sünde deines Vaters wegen nicht, daß du es zum Bau der Kirche ausgibst. Seine Wut wird sich legen, sobald er es zurückerhält. Hab also Vertrauen auf den Herrn, mein Sohn, handle mannhaft und fürchte dich nicht, denn der Herr selbst wird dein Helfer sein, und für den Bau der Kirche wird er dir das Nötige im Überfluß verschaffen." Voll Freude und sehr gestärkt durch die Worte des Bischofs, erhob sich der Mann Gottes und brachte das Geld zu ihm mit den Worten: „Herr, nicht nur das Geld, das ich von seiner Habe besitze, will ich ihm frohen Herzens zurückgeben, sondern auch die Kleider." Und er ging in ein Gemach des Bischofs, zog alle Kleider von des Vaters Habe aus und legte das Geld auf sie. Vor den Augen des Bischofs, des Vaters und aller Umstehenden trat er nackt heraus und sagte: „Hört alle und versteht! Bis jetzt habe ich den Petrus Bernardone meinen Vater genannt; aber weil ich mir vorgenommen habe, Gott zu dienen, gebe ich jenem das Geld zurück, um dessentwillen er in Unruhe war, und alle Kleider, die ich von seiner Habe besessen habe. Von nun an will ich sagen: „Vater unser, der du bist im Himmel, nicht mehr Vater Petrus Bernardone." Man entdeckte aber, daß der Mann Gottes damals auf dem Leib unter den farbenfrohen Kleidern ein Zilizium (Bußkleid, Bußgürtel) trug. Nun erhob sich der Vater, von übergroßem Schmerz und Grimm gepackt, und nahm das Geld und alle Kleider mit. Und während er dies nach Hause fortschaffte, empörten sich die Leute, die bei jenem Schauspiel zugegen gewesen waren, über ihn, weil er seinem Sohn nichts von den Kleidern überlassen hatte; über Franziskus aber begannen sie, von echtem Mitleid erschüttert, heftig zu weinen. Als aber der Bischof den Entschluß des Mannes Gottes genau bedachte, wobei er seinen Eifer und seine Mannhaftigkeit sehr bewunderte, schloß er ihn in seine Arme und bedeckte ihn mit seinem Mantel. (DreiGefLeg 19–20)

Schwester Asche

Als er einmal mit Weltleuten zum Essen saß und man ihm einiges anbot, was für ihn Lieblingsspeisen waren, kostete er nur ein wenig davon und brachte dann eine Entschuldigung vor, damit es nicht den Anschein hätte, er habe aus Enthaltsamkeit darauf verzichtet. Und wenn er mit den Brüdern aß, mischte er oft Asche in die Speise, die er aß; dabei erklärte er den Brüdern zur Verschleierung seiner Enthaltsamkeit, Schwester Asche sei keusch. Einmal aber, als er sich zum Essen setzte, sagte ein Bruder zu ihm, die selige Jungfrau sei zur Stunde des Mahles so arm gewesen, daß sie nichts hatte, was sie ihrem Sohn zum Essen gegeben hätte. Als der Mann Gottes dies hörte, seufzte er in tiefem Schmerz, verließ den Tisch und aß das Brot auf dem blanken Boden. Oft, wenn er sich zum Essen setzte, hörte er kurz nach Beginn der Mahlzeit mit Essen und Trinken auf, weil er in Betrachtung himmlischer Dinge entrückt war. Dann wollte er durch keinerlei Worte gestört sein und stieß tiefe Seufzer aus dem Innersten seines Herzen auf. (DreiGefLeg 15)

Das Weihnachtsspiel von Greccio

Daher muß man jener Feier gedenken und sie ehrfurchtsvoll erwähnen, die er im dritten Jahr vor seinem glorreichen Hinscheiden bei einem Flecken namens Greccio am Tage der Geburt unseres Herrn Jesus Christus abgehalten hat. In jener Gegend lebte ein Mann mit Namen Johannes, von gutem Ruf, aber noch besserem Lebenswandel. Ihm war der selige Franziskus in besonderer Liebe zugetan, weil er trotz des großen Ruhmes und des Ansehens, das er daheim genoß, den Adel des Fleisches verachtete und nach dem Adel der Seele trachtete. Diesen ließ nun der selige Franziskus, wie er oft zu tun pflegte, zu sich rufen, etwa vierzehn Tage vor der Geburt des Herrn, und sprach zu ihm: „Wenn du wünschest, daß wir bei Greccio das bevorstehende Fest des Herrn feiern, so gehe eilends hin und richte sorgfältig her, was ich dir sage. Ich möchte nämlich das Gedächtnis an jenes Kind begehen, das in Bethlehem geboren wurde, und ich möchte die bittere Not, die es schon als kleines Kind zu leiden hatte, wie es in eine Krippe gelegt, an der Ochs und Esel standen, und wie es auf Heu gebettet wurde, so greifbar als möglich mit leiblichen Augen schauen." Als der gute und treu ergebene Mann das hörte, lief er eilends hin und rüstete an dem genannten Ort alles zu, was der Heilige angeordnet hatte.

Es nahte aber der Tag der Freude, die Zeit des Jubels kam heran. Aus mehreren Niederlassungen wurden die Brüder gerufen. Männer und Frauen jener Gegend bereiteten, so gut sie konnten, freudigen Herzens Kerzen und Fackeln, um damit jene Nacht zu erleuchten, die mit funkelndem Sterne alle Tage und Jahre erhellt hat. Endlich kam der Heilige Gottes, fand alles vorbereitet, sah es und freute sich. Nun wird eine Krippe zurechtgemacht, Heu herbeigebracht, Ochs und Esel herzugeführt. Zu Ehren kommt da die Einfalt, die Armut wird erhöht, die Demut gepriesen, und aus Greccio wird gleichsam ein neues Bethlehem. Hell wie der Tag wird die Nacht, und Menschen und Tieren wird sie wonnesam. Die Leute eilen herbei und werden bei dem neuen Geheimnis mit neuer Freude erfüllt. Der Wald erschallt von den Stimmen, und die Felsen hallen wider von dem Jubel. Die Brüder singen und bringen Gott das Lob gebührend dar, und die ganze Nacht jauchzt auf in hellem Jubel. Der Heilige Gottes steht an der Krippe, er seufzt voll tiefen Wehs, von heiliger Andacht durchschauert und von wunderbarer Freude überströmt. Über der Krippe wird ein Hochamt gefeiert, und ungeahnte Tröstung darf der Priester verspüren.

Da legt der Heilige Gottes die Levitengewänder an – denn er war Diakon – und singt mit wohlklingender Stimme das heilige Evangelium. Und zwar lädt seine Stimme, seine starke Stimme, seine sanfte Stimme, seine klare Stimme, seine wohlklingende Stimme alle zum höchsten Preise ein. Dann predigt er dem umstehenden Volk von der Geburt des armen Königs und bricht in lieblichen Lobpreis über die kleine Stadt Bethlehem aus. Oft wenn er Christus „Jesus" nennen wollte, nannte er ihn, von übergroßer Liebe erglühend, nur „das Kind von Bethlehem", und wenn er „Bethlehem" aussprach, klang es wie von einem blökenden Lämmlein. Mehr noch als vom Worte floß sein Mund über von süßer Liebe. Wenn er das „Kind von Bethlehem", oder „Jesus" nannte, dann leckte er gleichsam mit der Zunge seine Lippen, indem er mit seinem glückseligen Gaumen die Süßigkeit dieses Namens verkostete und schlürfte. Es vervielfachten sich dort die Gaben des Allmächtigen, und ein frommer Mann hatte ein wunderbares Gesicht. Er sah nämlich in der Krippe ein lebloses Knäblein liegen; zu diesem sah er den Heiligen Gottes hinzutreten und das Kind wie aus tiefem Schlaf erwecken. Gar nicht unzutreffend ist dieses Gesicht; denn der Jesusknabe war in vieler Herzen vergessen. Da wurde er in ihnen mit seiner Gnade durch seinen heiligen Diener Franziskus wieder erweckt und zu eifrigem Gedenken eingeprägt. Endlich beschließt man die nächtliche Feier, und ein jeder kehrt in seliger Freude nach Hause zurück. (1 Cel 84–87)

Sein Abschied von den Brüdern

Als er (Franziskus) sich schon seinen letzten Tagen näherte, in denen sich seine Augen dem vergänglichen Licht schließen sollten, um sich für das ewige Licht zu öffnen, zeigte er durch das Beispiel seiner Tugend, daß er nichts mehr mit der Welt gemein hatte. Von jener so schweren Krankheit, die allem Siechtum ein Ende machte, nämlich ganz aufgerieben, ließ er sich nackt auf den nackten Boden legen, um in jener letzten Stunde, in der der Feind immer noch in Zorn geraten konnte, nackt mit dem Nackten zu ringen. In Wahrheit erwartete er unerschrocken den Triumph, mit verschlungenen Händen umfing er die Krone der Gerechtigkeit. So auf der Erde liegend, seines rauhen Gewandes entblößt, erhob er sein Gesicht wie gewohnt zum Himmel. Ganz in Erwartung der kommenden Herrlichkeit bedeckte er mit der linken Hand die rechte Seitenwunde, damit man sie nicht sehe. Und er sprach zu den Brüdern: „Ich habe das Meinige getan, was euer ist, möge euch Christus lehren."

Als die Söhne das sahen, vergossen sie reiche Tränen, aus tiefster Seele kamen schwere Seufzer, und übergroßem Schmerz und Mitleid gaben sie sich hin. Inzwischen, als sich das Schluchzen einigermaßen beruhigt hatte, erhob sich eilends sein Guardian, der den Wunsch des Heiligen auf göttliche Eingebung hin deutlich erkannt hatte, nahm einen Habit, eine Hose und ein Käppchen aus grobem Tuch und sprach zum Vater: „Diesen Habit, diese Hose samt dem Käppchen leihe ich dir kraft des heiligen Gehorsams, das sollst du wissen! Aber damit du weißt, daß dir diese Dinge in keiner Weise gehören, entziehe ich dir jegliche Vollmacht, sie jemandem zu schenken."

Da frohlockte der Heilige und jauchzte vor Freude des Herzens, weil er sah, daß er der Herrin Armut die Treue bis zum Ende gehalten habe. Er hatte das alles aus Eifer für die Armut getan, daß er nicht einmal einen eigenen Habit im Tode haben wollte, sondern nur einen von einem anderen entliehenen. Ein Käppchen aus grobem Tuch aber hatte er auf dem Kopf getragen, um die Narben zu bedecken, die ihm von der Augenoperation geblieben waren. Doch wäre für ihn eine ganz weiche Kappe von allerfeinster Wolle recht notwendig gewesen.

Darauf erhob der Heilige seine Hände zum Himmel und pries seinen Christus, weil er nun, aller Last ledig, frei zu ihm gehen konnte. Um sich aber in allem als Christi, seines Gottes, wahren Nachfolger zu zeigen, liebte er seine Brüder und Söhne, die er von Anfang an geliebt hatte, bis ans Ende. Er ließ nämlich alle Brüder, die dort anwesend waren, zu sich rufen, besänftigte sie mit tröstenden Worten wegen seines Todes und forderte sie in väterlicher Güte auf, Gott zu lieben. Über die Beobachtung der Geduld und der Armut hielt er noch eine längere Ansprache, worin er das heilige Evangelium allen übrigen Satzungen voranstellte. So waren alle Brüder nun um ihn versammelt; er streckte seine Rechte über sie aus, legte sie, beginnend bei seinem Vikar, jedem einzelnen aufs Haupt und sprach: „Lebet wohl, ihr meine Söhne alle, in der Furcht des Herrn und verbleibet in ihr allezeit! Und weil Versuchung und Drangsal kommen wird, darum glückselig, die in dem beharren werden, was sie begonnen. Ich aber eile nun zu Gott, dessen Gnade ich euch alle empfehle." Und er segnete in denen, die zugegen waren, auch alle Brüder, die überall in der Welt sich aufhielten, und auch die, welche nach ihnen kommen würden bis zum Ende aller Zeiten …

Als deshalb die Brüder bitterlichst weinten und untröstlich klagten, ließ sich der heilige Vater Brot bringen. Er segnete es, brach es und reichte jedem ein Stücklein zum Essen. Er ließ auch das Evangelienbuch bringen und bat, man möge ihm das Evangelium nach Johannes vorlesen von jener Stelle an, wo es heißt: „Vor dem Osterfeste" usw. Er erinnerte sich jenes allerheiligsten Abendmahles, das der Herr mit seinen Jüngern zuletzt feierte. Denn zum ehrenden Andenken daran und zum Erweis, welche innige Liebe er zu seinen Brüdern hatte, tat er dies alles.

Daraufhin benützte er die wenigen Tage, die bis zu seinem Heimgang noch übrig waren, zum Lobe Gottes und forderte seine geliebten Gefährten auf, mit ihm Christus zu loben. Er selbst aber brach, so gut er konnte, in diesen Psalm aus: „Mit meiner Stimme rufe ich zum Herrn, mit meiner Stimme flehe ich zum Herrn.“ Er lud auch alle Geschöpfe zum Lobpreis Gottes ein und durch die Worte, die er einstens gedichtet (Anm: Sonnengesang), forderte er sie auf zur Liebe Gottes. Ja, sogar den Tod persönlich, allen schrecklich und verhaßt, forderte er auf zum Lobpreis. Fröhlich ging er ihm entgegen und lud ihn ein zu Gast: „Sei willkommen, mein Bruder Tod!“ Zum Arzt aber sagte er: „Mut, Bruder Arzt, sag es mir nur, daß der Tod sehr nahe ist; er wird mir die Pforte zum Leben sein!“ Und zu den Brüdern sprach er: „Wenn ihr seht, daß es mit mir zu Ende geht, so legt mich nackt, wie ihr mich vorgestern gesehen habt, auf den Boden und laßt mich, wenn ich verschieden bin, solange so liegen, als man braucht, um gemächlich eine Meile weit gehen zu können.“ – So kam seine Stunde, und da sich Christi Geheimnisse alle an ihm erfüllt hatten, entschwebte er glückselig zu Gott. (2 Cel 214–217)

Himmlische Musik

Manchmal aber tat Franziskus große Dinge. Die zärtlichste Melodie des Geistes, die in ihm war, sprudelte in französischer Sprache aus seinem Innern, und die Stimme der göttlichen Einflüsterung, die er in seinen Ohren verborgen vernahm, brach in französischem Jubel aus ihm heraus.

Dann und wann las er Holz vom Boden auf, wie ich es mit meinen eigenen Augen gesehen habe, und legte es auf den linken Arm. Und in der rechten Hand hielt er einen gekrümmten Bogen, den er wie über eine Geige über das Holz zog. Und dazu machte er passende Gesten und sang auf französisch von Gott.

Dieser ganze Jubel endete oft in Tränen, und das Singen löste sich auf in das Mitleiden mit dem Leiden Christi. Darauf seufzte dieser Heilige unablässig. Und in wiederholtem Seufzen vergaß er, was in seinen Händen war, und er wurde aufgehoben in den Himmel. (LegPer 38)

Wie er sich nackt mit einem Strick um den Hals durch die Strassen ziehen liess

Als er einmal von seiner schlimmsten Krankheit ein wenig geheilt war, schien es ihm, als habe er während seiner Krankheit zu gut gegessen, obgleich er nur wenig gegessen hatte. Und er erhob sich eines Tages, als er noch nicht ganz vom Fieber frei war, und ließ das Volk der Stadt Assisi zu einer Predigt auf dem Marktplatz zusammenrufen.

Nach der Predigt aber befahl er dem Volke, nicht eher wegzugehen, als bis er zurückgekehrt sei, und begab sich in die Kathedrale des heiligen Rufin, zusammen mit vielen Brüdern und mit Bruder Petrus von Catania, der Domherr an dieser Kirche war und den der selige Franziskus zum ersten Generalminister bestimmt hatte. Und er befahl dem Bruder Petrus, er möge ihm ohne Widerrede gehorchen und tun, was er ihm sagen werde, und Bruder Petrus antwortete ihm: „Bruder, ich darf mit mir und mit dir nichts anderes wollen und tun, als was dir gefällt."

Da zog der selige Franziskus seine Kutte aus und befahl ihm, einen Strick um seinen Hals zu legen und ihn vor allem Volke nackt bis an den Platz zu führen, wo er gepredigt hatte. Und einem anderen Bruder befahl er, eine Schüssel zu nehmen, sie mit Asche zu füllen und sich gleichfalls an den Platz zu begeben, wo er gepredigt hatte, und wenn er dorthin geführt würde, solle er ihm die Asche über das Haupt schütten. Doch dieser Bruder gehorchte ihm nicht aus frommer Scheu und weil er zu großes Mitleid mit ihm hatte. Bruder Petrus aber nahm einen Strick, band ihn um seinen Hals und zog ihn hinter sich her, wie er es ihm befohlen hatte. Aber er weinte dabei sehr heftig, und die anderen Brüder vergossen mit ihm bittere Tränen des Mitleids.

Und als der selige Franziskus vor allem Volke nackt bis an den Platz, wo er gepredigt hatte, geführt worden war, sprach er: „Ihr und alle anderen, die ihr nach meinem Beispiel die Welt verlassen habt und in den Orden und in die Lebensgemeinschaft der Brüder eingetreten seid, haltet mich für einen Heiligen, aber ich bekenne vor Gott und vor euch, daß ich in meiner Krankheit Fleisch und Fleischbrühe gegessen habe." Da begannen fast alle über ihn zu weinen, aus frommer Scheu und übergroßem Mitleid, denn es war damals Winterszeit und sehr kalt, und er war noch nicht vom Fieber frei.

Und sie schlugen sich an ihre Brust und klagten sich selber an. (Spiegel der Vollkommenheit, 61)

Wie einer den anderen vor Steinwürfen schützte

So trafen eines Tages zwei von den Brüdern, als sie miteinander gingen, auf einen Verrückten, der Steine gegen sie zu schleudern begann. Als deshalb der eine von ihnen sah, daß auf den anderen Steine geworfen wurden, stellte er sich sofort den Steinwürfen entgegen; denn wegen der gegenseitigen Liebe, die ihn beseelte, wollte lieber er anstelle seines Bruders getroffen werden. Und so waren sie bereit, daß einer für den anderen das Leben einsetzte. (DreiGefLeg 42)

Das Kreiselspiel

Eines Tages war der heilige Franziskus mit Bruder Masseo auf dem Weg, und dieser ging ein wenig voraus. Als sie zu einer dreifachen Weggabelung kamen, von wo aus man nach Florenz, Siena und Arezzo gehen konnte, sagte Bruder Masseo: „Vater, welchen Weg sollen wir gehen?“ Der heilige Franziskus antwortete: „Den, welchen Gott will.“ Da sagte Bruder Masseo: „Und wie können wir erfahren, was der Wille Gottes ist?“ Der heilige Franziskus antwortete: „Auf ein Zeichen hin, das ich dir zeigen werde. Daher befehle ich dir kraft des heiligen Gehorsams, dich auf dieser Weggabelung an dem Punkt, wo du die Füße hingesetzt hast, im Kreis zu drehen, wie es Kinder tun, und nicht aufzuhören, bis ich es dir sage.“ Also begann sich Bruder Masseo im Kreuz zu drehen. Und er drehte sich so fest, daß er wegen des Schwindels im Kopf, der bei solchen Drehungen entsteht, mehrmals zu Boden fiel. Da aber der heilige Franziskus ihm nicht sagte, er solle aufhören, und er treu gehorchen wollte, raffte er sich wieder auf und begann von neuem. Schließlich aber, nachdem er sich tüchtig gedreht hatte, sagte der heilige Franziskus: „Bleib stehen und rühre dich nicht!“ Er blieb stehen, und der heilige Franziskus fragte ihn: „In welche Richtung schaut dein Antlitz?“ Bruder Masseo antwortete: „In Richtung Siena.“ Da sagte der heilige Franziskus: „Das ist der Weg, den wir nach dem Willen Gottes gehen sollen.“

Während sie nun diesen Weg gingen, wunderte sich Bruder Masseo sehr darüber, daß ihn der heilige Franziskus vor all den Weltleuten, die vorbeigingen, so etwas Kindisches hatte tun lassen. Trotzdem hatte er aus Ehrfurcht nicht den Mut, dem heiligen Vater etwas davon zu sagen. Als sie sich Siena näherten, hatte die Bevölkerung der Stadt bereits von der Ankunft des heiligen Franziskus gehört und ging ihm entgegen. In ihrer Frömmigkeit trugen sie ihn und seinen Gefährten bis zum Bischofspalast, so daß sie mit ihren Füßen die Erde nicht einmal berührten. Zur selben Stunde kämpften einige Männer von Siena gegeneinander und zwei von ihnen waren bereits tot. Als der heilige Franziskus dort ankam, predigte er ihnen mit so frommen und heiligen Worten, daß er sie alle zusammen wieder zu Frieden, Einheit und tiefer Einmütigkeit zurückführte. (Fioretti, 11)

Wie Rufinus und Franziskus nackt in Assisi predigten

Bruder Rufin war durch die andauernde Betrachtung so in Gott versunken, daß er empfindungslos und stumm geworden war und nur sehr selten redete. Zudem hatte er weder die Gnade noch die Begabung noch das Verlangen zum Predigen. Dennoch befahl ihm der heilige Franziskus eines Tages, nach Assisi zu gehen und dem Volk zu predigen, was Gott ihm eingeben werde. Da erwiderte Bruder Rufin: „Ehrwürdiger Vater, ich bitte dich, mich zu verschonen und mir nicht diesen Befehl zu geben. Denn, wie du weißt, habe ich nicht die Gabe zum Predigen und bin einfach und ungebildet.“ Da sagte der heilige Franziskus: „Weil du mir nicht sofort gehorcht hast, befehle ich dir im heiligen Gehorsam, daß du nackt, nur in den Hosen, nach Assisi gehst, in eine Kirche eintrittst und so nackt dem Volk predigst.“ Auf diesen Befehl hin zog sich Bruder Rufin aus, ging nackt nach Assisi und betrat eine Kirche. Nachdem er den Altar verehrt hatte, bestieg er die Kanzel und begann zu predigen. Da fingen die Kinder und die Erwachsenen an zu lachen und sagten: „Da sieht man's; die tun so viel Buße, daß sie völlig verrückt werden.“

In der Zwischenzeit kamen dem heiligen Franziskus wegen des unverzüglichen Gehorsams von Bruder Rufin, der einer der vornehmsten Männer Assisis war, Bedenken, und er fing an, sich selbst Vorwürfe zu machen: „Woher kommt dir solche Vermessenheit, Sohn des Pietro Bernardone, du erbärmliches Menschlein, dem Bruder Rufin, einem der vornehmsten Männer Assisis, zu befehlen, er solle nackt hingehen und dem Volke predigen wie ein Irrer? Bei Gott, möchtest du doch zuerst an dir selbst beweisen, was du anderen befiehlst." Sogleich zog er sich im Eifer des Geistes ebenfalls nackt aus, ging nach Assisi und nahm Bruder Leo mit sich, der seinen Habit und den des Bruder Rufin mittragen sollte. Als ihn die Leute von Assisi sahen, verhöhnten sie ihn ebenso, weil sie meinten, er und Bruder Rufin seien wegen zu vieler Buße verrückt geworden. Der heilige Franziskus trat in die Kirche, wo Bruder Rufin gerade folgende Worte predigte: „O meine Liebsten, flieht die Welt und laßt ab von der Sünde; gebt fremdes Gut zurück, wenn ihr der Hölle entgehen wollt; haltet die Gebote Gottes, indem ihr Gott und den Nächsten liebt, wenn ihr das Himmelreich besitzen wollt." Da stieg auch der heilige Franziskus nackt auf die Kanzel und begann so wunderbar zu predigen über die Verachtung der Welt, die heilige Buße, die freiwillige Armut, das Verlangen nach dem Himmelreich und über die Nacktheit und Schmach des Leidens unseres Herrn Jesus Christus, daß alle Männer und Frauen, die bei dieser Predigt in großer Zahl anwesend waren, mit unglaublicher Inbrunst und Zerknirschung des Herzens aufs heftigste zu weinen begannen. Aber nicht nur dort allein, sondern in ganz Assisi erhob sich an diesem Tag eine solche Klage über das Leiden Christi, wie es noch nie in dieser Weise geschehen war.

So wurde das Volk durch das Tun des heiligen Franziskus und des Bruders Rufin auferbaut. Der heilige Franziskus bekleidete Bruder Rufin und sich selbst wieder, und so kehrten sie in die Niederlassung von Portiunkula zurück. Sie lobten und priesen Gott, der ihnen die Gnade gegeben hatte, durch Selbstverachtung sich selbst zu besiegen, durch gutes Beispiel die Schäflein Christi aufzuerbauen und ihnen zu zeigen, wie sehr die Welt zu verachten sei. An diesem Tag wuchs die Verehrung des Volkes für sie derart, daß sich jeder glücklich pries, der den Saum ihres Habits berühren konnte. (Fioretti, 30)

Franziskus tanzt vor dem Papst

Als Franziskus einmal einer Ordensangelegenheit halber nach Rom kam, erfaßte ihn brennendes Verlangen, vor Papst Honorius und den ehrwürdigen Kardinälen zu sprechen. Darüber wurde Herr Hugo, der ruhmreiche Bischof von Ostia, der den Heiligen Gottes mit einzigartiger Liebe verehrte, von Furcht und Freude zugleich erfüllt, indem er den glühenden Eifer des Heiligen bewunderte und auf seine Einfalt und Reinheit sah. Aber er vertraute auf die Barmherzigkeit des Allmächtigen, die denen, welche ihn kindlich verehren, zur Zeit der Not niemals fehlt, und führte ihn vor den Papst und die hochwürdigen Kardinäle.

Als er nun vor diesen erlauchten Fürsten stand und Erlaubnis und Segen erhalten hatte, begann er ohne Zittern und Zagen zu reden. Und er sprach mit solch feuriger Begeisterung, daß er vor Freude nicht mehr an sich halten konnte; während er seine Worte aussprach, bewegte er die Füße wie zum Tanze, nicht aus Übermut, sondern weil er vom Feuer der göttlichen Liebe gleichsam glühte, und darum reizte er auch die Zuhörer nicht zum Lachen, sondern erzwang tiefen inneren Schmerz. Staunend über die Gnade Gottes und den großen Freimut des Mannes wurden ihrer viele im Herzen zerknirscht. (1 Cel 73)

Das Ostermahl in Greccio

An einem Osterfeste haben die Brüder in der Einsiedelei zu Greccio den Tisch etwas sorgfältiger als sonst mit weißem Linnen und Glasgeschirr gedeckt. Der Vater steigt von seiner Zelle herab, kommt zu Tisch und sieht, wie derselbe reichlich zugerüstet und eitel geschmückt ist. Doch er hat kein Lächeln für die lachende Tafel. Heimlich und Schritt für Schritt zieht er sich zurück, setzt sich den Hut eines Armen, der gerade da war, auf das Haupt, nimmt einen Stock in die Hand und geht hinaus. Draußen bei der Türe wartet er, bis die Brüder mit dem Essen beginnen. Sie waren ja gewöhnt, nicht auf ihn zu warten, wenn er auf das Zeichen hin nicht kam. Als sie mit dem Essen beginnen, ruft der wahre Arme an der Tür: „Um der Liebe Gottes des Herrn willen gebt diesem armen und schwachen Pilger ein Almosen!" „Tritt ein, Mann", antworten die Brüder, „um der Liebe dessen willen, den du angerufen hast." Sofort tritt er ein und stellt sich den Essenden vor. Doch in welch ein Starren und Staunen versetzt da wohl der Pilger die „Weltbürger"! Man reicht ihm auf seine Bitten ein Schüsselchen; dann läßt er sich allein auf dem Boden nieder und stellt seine Schale in die Asche. „Jetzt sitze ich zu Tisch", spricht er, „wie ein Minderbruder". Und zu den Brüdern gewandt, fährt er fort: „Uns müssen die Beispiele der Armut des Gottessohnes mehr als die anderen Ordensleute verpflichten. Ich sah die zugerüstete und geschmückte Tafel und habe sie nicht wiedererkannt als die der Armen, die von Tür zu Tür ziehen. (2 Cel 61)

Predigt in Asche

Als der heilige Vater bei S. Damiano weilte, ließ er sich auf häufiges drängendes Bitten des Vikars hin, endlich durch sein Ungestüm besiegt, dazu bewegen, seinen Töchtern das Wort Gottes zu verkünden. Die Frauen sammelten sich nach Gewohnheit, das Wort Gottes zu hören, aber nicht weniger auch, um den Vater zu Gesicht zu bekommen; dieser aber erhob die Augen zum Himmel, wo er immer sein Herz hatte, und begann, zu Christus zu beten. Hierauf ließ er sich Asche bringen, streute davon um sich im Kreise auf den Boden, den Rest legte er auf sein Haupt. Da die Frauen in gespannter Erwartung auf den seligen Vater sahen, wie er innerhalb des Aschekreises schweigend verharrte, entstand in ihrem Herzen nicht geringe Verwunderung.

Plötzlich richtete sich der Heilige empor und zu ihrer Verblüffung betete er den Psalm „Miserere mei Deus", statt eine Predigt zu halten. Als er ihn beendet hatte, machte er sich schnell davon. Ob dieses eindrucksvollen Beispiels waren die Dienerinnen Gottes von solcher Zerknirschung erfüllt, daß sie ihrem Tränenstrom freien Lauf ließen. (2 Cel 207)

Bruder aller Menschen

„Der Herr segne und behüte dich. Er zeige dir sein Angesicht und erbarme sich deiner. Er wende dir sein Antlitz zu und schenke dir den Frieden. Der Herr segne dich.“ (Franziskus an Bruder Leo)

Begegnung mit dem Aussätzigen

Als er eines Tages inbrünstig zum Herrn betete, wurde ihm geantwortet: „Franziskus, alles, was du fleischlich geliebt und zu haben gewünscht hast, mußt du verachten und hassen, wenn du meinen Willen erkennen willst. Wenn du nachher zu tun beginnen wirst, was dir bisher angenehm und süß erschien, wird es dir unerträglich und bitter sein.“

Durch diese Worte auch in Gott gestärkt, begegnete Franziskus eines Tages, als er in der Nähe von Assisi einen Ritt unternahm, einem Aussätzigen. Und während er sonst gewohnt war, vor Aussätzigen große Scheu zu haben, tat er sich jetzt Gewalt an, stieg vom Pferd, reichte dem Aussätzigen ein Geldstück und küßte ihm die Hand. Dann empfing er von ihm den Friedenskuß, stieg wieder zu Pferd und setzte seinen Weg fort. Seitdem begann er, immer mehr sich selbst zu verachten, bis er durch die Gnade Gottes zu einem vollkommenen Sieg über sich gelangte. Wenige Tage später nahm er eine große Summe Geldes und begab sich zum Aussätzigenhospital. Nachdem er alle zusammen versammelt hatte, gab er jedem von ihnen ein Almosen und küßte ihnen die Hand. Als er wegging, war ihm wirklich das, was ihm früher bitter gedünkt, nämlich Aussätzige zu sehen und zu berühren, in Seligkeit verwandelt. Denn so widerwärtig war ihm, wie gesagt, der Anblick von Aussätzigen, daß er sie nicht nur keinesfalls sehen, sondern noch viel weniger ihrer Behausung nahe kommen wollte. Und wenn es einmal geschah, daß er an ihren Häusern vorbeiging oder sie sah, wandte er das Gesicht stets ab und hielt sich mit seinen Händen die Nase zu, obschon er sich von Mitleid bewegen ließ, ihnen durch eine Mittelsperson Almosen zukommen zu lassen. Aber durch die Gnade Gottes wurde er so sehr ein Vertrauter und Freund der Aussätzigen, daß, wie er selbst in seinem Testament bezeugt, er unter ihnen lebte und ihnen demütig diente. (DreiGefLeg 11)

Bekehrung der Räuber

Der heilige Franziskus ging einmal durch das Gebiet von Borgo San Sepolcro und kam an einem Burgflecken namens Monte Casale vorbei, als ein vornehmer und sehr zarter Jüngling daherkam und zu ihm sagte: „Vater, ich würde sehr gerne einer von euren Brüdern sein." Der heiligen Franziskus antwortete: „Mein Sohn, du bist jung, zart und vornehm. Du könntest vielleicht unsere Armut und rauhe Lebensweise nicht ertragen." Er aber sagte: „Vater, seid ihr nicht Menschen wie ich? Wie ihr dieses Leben also ertragt, so könnte es mit der Gnade Christi auch ich." Dem heiligen Franziskus gefiel diese Antwort sehr, daher segnete er ihn, nahm ihn sogleich in den Orden auf und gab ihm den Namen Bruder Angelo. Dieser Jüngling erwies sich als so liebenswürdig, daß ihn der heilige Franziskus kurze Zeit darauf zum Guardian der Niederlassung von Monte Casale machte.

In jener Zeit hausten in der Gegend drei berüchtigte Räuber, die ringsum sehr viele Übeltaten verübten. Diese kamen nun eines Tages zur besagten Niederlassung der

Brüder und baten den Guardian Bruder Angelo, er möge ihnen etwas zu essen geben. Der Guardian wies sie scharf zurecht und antwortete ihnen folgendermaßen: „Ihr Räuber und grausamen Männer, ihr schämt euch nicht, das zu rauben, was andere mühsam erarbeitet haben. Jetzt aber wollt ihr, frech und unverschämt, wie ihr seid, noch die Almosen verschlingen, die den Knechten Gottes geschickt wurden; ihr, die ihr es nicht wert seid, daß die Erde euch trägt, zumal ihr keinerlei Ehrfurcht habt, weder vor Menschen noch vor Gott, der euch erschuf. Kümmert euch um eure eigenen Angelegenheiten und laßt euch hier nicht wieder blicken!" Darüber waren sie sehr bestürzt und zogen mit großem Unmut ab.

Da kam gerade der heilige Franziskus von draußen zurück mit einer Tasche Brot und einem Krüglein Wein, das er und sein Begleiter sich erbettelt hatten. Als ihm der Guardian erzählte, wie er die Räuber fortgejagt hatte, wies ihn der heilige Franziskus heftig zurecht und sagte: „Du hast dich sehr grausam benommen, denn die Sünder lassen sich eher durch Sanftmut zu Gott zurückführen als durch grausames Schelten. Deshalb sagt unser Meister Jesus Christus, dessen Evangelium wir zu beobachten versprochen haben, daß *nicht die Gesunden, sondern die Kranken den Arzt brauchen* und daß er nicht gekommen sei, die Gerechten, sondern die Sünder zur Buße zu rufen (Mt 9,12f.). Deshalb hat er auch häufig mit ihnen gegessen. Weil du also gegen die Liebe und gegen das heilige Evangelium Christi gehandelt hast, befehle ich dir im heilige Gehorsam, sogleich diese Tasche mit Brot zu nehmen, die ich erbettelt habe, und dieses Krüglein Wein. Laufe eiligst hinter ihnen her, über Berg und Tal, bis du sie findest, und biete ihnen in meinem Namen dieses Brot und diesen Wein an. Dann knie dich vor ihnen nieder und bekenne demütig vor ihnen deine Schuld. Bitte sie darauf in meinem Namen, nichts Böses mehr zu tun, sondern Gott zu fürchten und dem Nächsten kein Leid mehr anzutun. Wenn sie dies tun wollen, dann verspreche ich ihnen, für ihre Bedürfnisse zu sorgen und ihnen regelmäßig zu essen und zu trinken zu geben. Wenn du ihnen dies demütig ausgerichtet hast, dann komm wieder hierher zurück.“

Während nun der Guardian hinging, um den Befehl des heiligen Franziskus auszuführen, begab sich dieser ins Gebet und bat Gott, die Herzen jener Räuber zu erweichen und sie zur Umkehr zu bewegen. Der gehorsame Guardian holte sie ein, überreichte ihnen Brot und Wein und tat und sagte, wie der heilige Franziskus ihm aufgetragen hatte. Wie es Gott gefiel, begannen diese Räuber, während sie das Almosen des heiligen Franziskus verzehrten, untereinander zu sagen: „Weh uns Elendigen und Unglückseligen! Welch harte Strafen der Hölle erwarten uns, die wir ausziehen, unsere Nächsten nicht nur zu berauben, zu schlagen und zu verwunden, sondern sogar zu töten. Und trotz so vieler Übeltaten und Verbrechen, die wir vollbringen, empfinden wir weder Gewissensbisse noch Gottesfurcht. Und siehe, da ist dieser heilige Bruder zu uns gekommen und hat wegen ein paar Worten, die er uns gerechterweise aufgrund unserer Bosheit gesagt hatte, seine Schuld vor uns bekannt. Obendrein hat er uns Brot und Wein und eine so großzügige Verheißung des heiligen Vaters gebracht. Wahrhaftig, diese Brüder sind Heilige Gottes, welche das Paradies verdienen. Wir aber sind Söhne der ewigen Verderbnis, welche die Strafen der Hölle verdienen. Jeden Tag vermehren wir unsere Verderbnis und wissen nicht, ob wir mit all den Sünden, die wir bis jetzt begangen haben, noch Erbarmen finden können bei Gott.“ Während einer von ihnen diese und ähnliche Worte sprach, erwiderten ihm die anderen zwei: „Gewiß, du sagst die Wahrheit; aber siehe, was sollen wir jetzt tun?“ „Gehen wir zum heiligen Franziskus“, sagte der eine, „und wenn er uns die Hoffnung schenkt, daß wir noch Erbarmen finden können bei Gott für unsere Sünden, dann wollen wir das tun, was er uns befiehlt, und so können wir unsere Seelen von den Strafen der Hölle befreien."

Dieser Rat gefiel den anderen, sie kamen alle drei darin überein, eilends zum heiligen Franziskus zu gehen, und sprachen also zu ihm: „Vater, wegen der vielen Verbrechen und Sünden, die wir begangen haben, glauben wir nicht mehr, Erbarmen zu finden bei Gott. Aber wenn du irgendeine Hoffnung hast, daß uns Gott doch in Erbarmen annimmt, dann sind wir bereit, das auszuführen, was du uns sagen wirst, und mit dir Buße zu tun." Der heilige Franziskus aber empfing sie liebevoll und mit Güte, ermutigte sie mit vielen Beispielen und versicherte ihnen die Barmherzigkeit Gottes. Er versprach ihnen fest, das Erbarmen Gottes für sie zu erflehen, und zeigte ihnen, wie unendlich dieses sei: und wenn wir unendlich viele Sünden hätten, so sei doch die göttliche Barmherzigkeit größer, und nach dem Evangelium und dem heiligen Apostel Paulus sei Christus, der Gebenedeite, in diese Welt gekommen, um die Sünder wieder zurückzukaufen.

Aufgrund dieser Worte und ähnlicher Unterweisungen widersagten die drei Räuber dem Teufel und seinen Werken, der heilige Franziskus nahm sie in den Orden auf, und sie begannen, viel Buße zu tun. Zwei von ihnen lebten nach ihrer Bekehrung nicht mehr lange und gingen in das Paradies ein. Der dritte aber, der sie überlebte, dachte über seine Sünden nach und gab sich solcher Buße hin, daß er durch fünfzehn Jahre hindurch, abgesehen von der gemeinsamen Fastenzeit, die er zusammen mit den anderen Brüdern hielt, drei Tage in der Woche bei Brot und Wasser fastete. Er ging immer barfuß, war mit einem einzigen Habit bekleidet und legte sich nach der Matutin nicht mehr schlafen. Während dieser Jahre schied auch der heilige Franziskus aus diesem elenden Leben. (Fioretti, 26)

Begegnung mit dem Sultan

Im dreizehnten Jahr nach seiner Bekehrung zog er nämlich nach Syrien und nahm mutig große Gefahren auf sich, um vor den Sultan von Babylon zu gelangen. Zwischen den Christen und Sarazenen tobte nämlich ein erbarmungsloser Krieg. Die Heerlager standen sich ganz nahe gegenüber, so daß man ohne Lebensgefahr nicht von einem zum anderen gelangen konnte. Der Sultan hatte nämlich das harte Edikt erlassen, wer ihm das Haupt eines Christen bringe, solle als Lohn ein byzantinisches Goldstück erhalten. Doch Franziskus beschloß als unerschrockener Ritter Christi, sich auf den Weg zu machen. Er hoffte dabei, bald sein ersehntes Ziel zu erreichen; den Tod fürchtete er nicht, sondern ersehnte ihn sogar. Als er zuvor gebetet und sich im Herrn ermannt hatte, sang er mit großer Zuversicht das Wort des Propheten: „Muß ich auch wandern in finsterer Schlucht, ich fürchte kein Unheil; du bist ja bei mir."

In Begleitung des Bruders Illuminatus, eines Mannes von Erleuchtung und Tugend, machte er sich auf den Weg. Da begegneten ihm zwei Lämmchen. Ihr Anblick erfüllte den Heiligen mit Freude, und er sagte zu seinem Gefährten: „Vertrau auf den Herrn, Bruder, denn an uns wird sich das Wort des Evangeliums erfüllen: ‚Siehe, ich sende euch wie Schafe unter die Wölfe.'" Als sie ihres Weges zogen, stießen sie auf sarazenische Soldaten. Wie Wölfe sich auf Schafe stürzen, so ergriffen diese unsere Diener Gottes, um sie zu töten. Sie behandelten sie mit Grausamkeit und Verachtung, stießen Schimpfwörter gegen sie aus, versetzten ihnen Schläge und schlugen sie in Fesseln. Unter vielen Stößen und Schlägen schleppten die Soldaten sie schließlich – Gottes Vorsehung lenkte es so – zum Sultan, wie es Franziskus gewünscht hatte. Jener Fürst fragte sie, wer sie gesandt habe, was der Zweck ihres Kommens sei und wie sie dorthin gelangt seien. Da gab der Diener Christi Franziskus freimütig zur Antwort, nicht Menschen, sondern der höchste Gott habe sie gesandt, damit er ihm und seinem Volke den Weg des Heiles zeige und das wahre Evangelium verkünde. Dann predigte er dem Sultan mit solcher Unerschrockenheit, Geisteskraft und Begeisterung den einen, dreifaltigen Gott und den Erlöser aller Menschen Jesus Christus, daß in Wahrheit an ihm das Wort des Evangeliums erfüllt schien: „Ich werde euch Beredsamkeit und Weisheit verleihen, der alle eure Gegner nicht zu widerstehen und zu widersprechen vermögen." Denn auch der Sultan sah die wunderbare Glut und Kraft des Geistes bei dem Gottesmann; er hörte ihn gern an und bat ihn inständig, bei ihm zu bleiben. Von Gott erleuchtet, gab jedoch der Diener Christi zur Antwort: „Wenn du dich mit deinem Volke zu Christus bekehren willst, will ich aus Liebe zu ihm gern bei euch bleiben. Solltest du aber Bedenken tragen, für den Glauben an Christus das Gesetz des Mohammed zu verlassen, dann laß ein großes Feuer anzünden; dann werde ich mit deinen Priestern ins Feuer hineingehen, damit du wenigstens dadurch erkennen mögest, welchen Glauben du mit Recht annehmen mußt, weil er größere Sicherheit und Heiligkeit besitzt." Da erwiderte der Sultan: „Ich glaube nicht, daß sich einer meiner Priester bereit findet, sich zur Verteidigung seines Glaubens ins Feuer zu begeben oder irgendeine Qual auf sich zu nehmen; hatte er doch bemerkt, wie sich einer von seinen Priestern, ein Mann von hohem Ansehen und Alter, bei diesen Worten des Heiligen aus dem Staube machte. Darum sagte der Heilige: „Versprichst du mir für dich und dein Volk, du werdest den Glauben an Christus annehmen, wenn ich unversehrt durchs Feuer gehe, dann will ich allein hineingehen. Werde ich verbrannt, dann rechne dies meinen Sünden an; beschützt mich aber Gottes Macht, dann erkennt, daß Christus, Gottes Kraft und Weisheit, wahrhaft Gott und Herr, der Erlöser aller Menschen ist!" Der Sultan erwiderte, er wage nicht, eine solche Probe anzunehmen, denn er fürchtete einen Aufruhr seines Volkes. Doch bot er Franziskus viele kostbare Geschenke an, die der Gottesmann aber alle wie Kot verachtete, denn ihn verlangte nicht nach irdischem Reichtum, sondern nach dem Heil der Seelen. Da wunderte sich der Sultan sehr und brachte ihm noch größere Achtung entgegen, sah er doch, wie dieser Heilige alle irdischen Güter gänzlich verachtete. Er wollte zwar nicht den christlichen Glauben annehmen oder wagte es vielleicht nicht; doch bat er den Diener Christi inständig, er möge zum Heil seiner Seele diese Gaben verwenden und für die christlichen Armen oder die Kirchen verwenden. Weil aber Franziskus alles Geld wie eine Last mied und erkannte, daß das Samenkorn des wahren Glaubens im Herzen des Sultans keine Wurzel fassen konnte, schlug er dieses Anerbieten aus.

Da er nun sah, er werde weder die Bekehrung dieses Volkes noch seinen Wunsch erlangen, kehrte er, durch Gottes Offenbarung dazu aufgefordert, in das Land der Gläubigen zurück. (LegMaj IX, 7–9)

Wie er mit einem Aussätzigen aus einer Schüssel ass

Als der selige Franziskus zur Kirche Santa Maria von Portiunkula zurückkehrte, traf er dort Bruder Jakob, den Einfältigen, mit einem Aussätzigen, der von vielen Geschwüren bedeckt war. Ihm hatte Franziskus nämlich diesen Aussätzigen anempfohlen sowie auch alle anderen Aussätzigen, denn er war gleichsam ihr Arzt und berührte gerne ihre Wunden, reinigte und versorgte sie. Denn damals hielten sich die Brüder in den Hospitälern der Aussätzigen auf.

Als wollte er ihn tadeln, sagte nun der selige Franziskus zu Bruder Jakob: „Du solltest unsere Christen-Brüder nicht so herumführen, denn es ist nicht schicklich für dich und für sie.“ Wenn er auch wollte, daß der Bruder ihnen diente, so wollte er doch nicht, daß er die, welche mit vielen Wunden bedeckt waren, aus dem Hospital herausführte, weil die Menschen sich vor ihnen sehr zu entsetzen pflegten. Aber dieser Bruder Jakob war so einfältig, daß er mit ihnen vom Hospital bis zur Kirche Sancta Maria ging, als wenn er mit Brüdern gehe. Die Aussätzigen aber nannte Franziskus „Christen-Brüder".

Als er das gesagt hatte, tadelte der selige Franziskus sich alsbald selber, weil er glaubte, jener Aussätzige sei beschämt wegen des Tadels, den er Bruder Jakob erteilt hatte. Und weil er vor Gott und dem Aussätzigen Genugtuung leisten wollte, bekannte er seine Schuld dem Bruder Petrus Cathanii, der damals Generalminister war. Und er sagte: „Ich will, daß du mir die Buße bestätigst, die ich für dieses Versagen gewählt habe, und mir in keiner Weise widersprichst." Der antwortete: „Bruder, tu, was dir gefällt." Denn Bruder Petrus verehrte und fürchtete ihn so, daß er ihm nicht zu widersprechen wagte, wenn er auch deshalb oft betrübt war.

Dann sprach der selige Franziskus: „Das soll meine Buße sein, daß ich mit meinem Christen-Bruder gemeinsam aus einer Schüssel esse." Als sich nun der selige Franziskus mit dem Aussätzigen und den anderen Brüdern zu Tisch setzte, wurde eine Schüssel zwischen den seligen Franziskus und den Aussätzigen gestellt. Dieser Aussätzige war ganz mit Geschwüren bedeckt und ekelhaft anzuschauen; insbesondere hatte er zusammengekrümmte und blutende Finger, mit denen er die Bissen Speise aus der Schüssel nahm, so daß immer, wenn er seine Finger in die Schüssel senkte, Blut und Eiter von den Fingern in die Schüssel tropften. Und Bruder Petrus und die anderen Brüder waren darüber sehr betrübt, wagten aber nichts zu sagen wegen ihrer Scheu und Ehrfurcht vor dem heiligen Vater. (Spiegel der Vollkommenheit, 58)

In den Geschöpfen den Schöpfer loben

In jedem Kunstwerk lobte er den Künstler; was er in der geschaffenen Welt fand, führte er zurück auf den Schöpfer. Er frohlockte in allen Werken der Hände des Herrn, und durch das, was sich seinem Auge an Lieblichem bot, schaute er hindurch auf den lebenspendenden Urgrund der Dinge. Er erkannte im Schönen den Schönsten selbst; alles Gute rief ihm zu: „Der uns erschaffen, er ist der Beste!“ Auf den Spuren, die den Dingen eingeprägt sind, folgte er überall dem Geliebten nach und machte alles zu einer Leiter, um auf ihr zu seinem Thron zu gelangen.

Mit unerhörter Hingebung und Liebe umfaßte er alle Dinge, redete zu ihnen vom Herrn und forderte sie auf zu seinem Lobe. – Mit Leuchten, Fackeln und Kerzen ging er vorsichtig um, denn er wollte mit seiner Hand nicht ihren Glanz trüben, der ein Schimmer des ewigen Lichtes ist. – Über Felsen wandelte er ehrerbietig mit Rücksicht auf den, der Fels genannt wird. Wenn er den Psalmvers beten mußte: „Auf einen Felsen hast du mich erhoben“, sagte er, um sich ehrfürchtiger auszudrücken: „Unter die Füße des ‚Felsens‘ hast du mich erhoben.“

Wenn die Brüder Bäume fällten, verbot er ihnen, den Baum ganz unten abzuhauen, damit er noch Hoffnung habe, wieder zu sprossen. – Den Gärtner wies er an, die Raine um den Garten nicht umzugraben, damit zu ihrer Zeit das Grün der Kräuter und die Schönheit der Blumen den herrlichen Vater aller Dinge verkündigten. Im Garten ließ er noch ein Gärtchen mit duftenden und blühenden Kräutern anlegen, damit sie die Beschauer anregten, der ewigen Himmelslust zu gedenken.

Vom Wege las er die Würmchen auf, daß sie nicht mit den Füßen zertreten würden; den Bienen ließ er, damit sie nicht vor Hunger in der Winterkälte umkämen, Honig und besten Wein hinstellen. – Mit dem Namen „Bruder" rief er alle Lebewesen, wenn er auch von allen Tieren die zahmen bevorzugt liebte. (2 Cel 165)

Eine Vogelpredigt

Franziskus wandte sich einem in der Nähe von Bevagna gelegenen Ort zu. Dort war eine überaus große Schar von Vögeln verschiedener Arten versammelt, Tauben, kleine Krähen und andere, die im Volksmund Dohlen heißen. Als der hochselige Diener Gottes Franziskus sie erblickte, ließ er seine Gefährten auf dem Weg zurück und lief rasch auf die Vögel zu. War er doch ein Mann mit einem überschäumenden Herzen, das sogar den niederen und unvernünftigen Geschöpfen in hohem Grade innige und zärtliche Liebe entgegenbrachte. Als er schon ziemlich nah bei den Vögeln war und sah, daß sie ihn erwarteten, grüßte er sie in gewohnter Weise. Nicht wenig aber staunte er, daß die Vögel nicht wie gewöhnlich auf- und davonflogen. Ungeheure Freude erfüllte ihn, und er bat sie demütig, sie sollten doch das Wort Gottes hören. Und zu dem Vielen, das er zu ihnen sprach, fügte er auch folgendes bei: „Meine Brüder Vögel! Gar sehr müßt ihr euren Schöpfer loben und ihn stets lieben; er hat euch Gefieder zum Gewand, Fittiche zum Fluge und was immer ihr nötig habt gegeben. Vornehm machte euch Gott unter seinen Geschöpfen, und in der reinen Luft bereitete er euch eure Wohnung. Denn weder säet noch erntet ihr, und doch schützt und leitet er euch, ohne daß ihr euch um etwas zu kümmern braucht!" Bei diesen Worten jubelten jene Vögel, wie er selbst und die bei ihm befindlichen Brüder erzählten, in ihrer Art wunderbarerweise auf und fingen an, die Hälse zu strecken, die Flügel auszubreiten, die Schnäbel zu öffnen und auf ihn hinzublicken. Er aber wandelte in ihrer Mitte auf und ab, wobei sein Habit ihnen über Kopf und Körper streifte. Schließlich segnete er sie und, nachdem er das Kreuz über sie gezeichnet hatte, gab er ihnen die Erlaubnis, irgendwo anders hinzufliegen. Der selige Vater aber wandelte mit seinen Gefährten freudigen Herzens seines Weges weiter und dankte Gott, den alle Geschöpfe mit demütigem Lobpreis verehren. (1 Cel 58)

Lärmende Schwalben

Eines Tages begab sich Franziskus in ein Städchen namens Alviano, um das Wort Gottes zu verkünden. Er stieg auf einen höher gelegenen Platz, damit er von allen gesehen werden konnte, und gebot Stillschweigen. Alle schwiegen und standen ehrfürchtig da, nur die zahlreichen Schwalben, die am gleichen Ort nisteten, zwitscherten weiter und machten großen Lärm. Da die Leute ihres Gezwitschers wegen den seligen Franziskus nicht verstehen konnten, wandte sich dieser an die Vögel und sprach: „Meine Schwestern Schwalben! Genug habt ihr bis jetzt geredet, nun ist es Zeit, daß auch ich einmal zu Wort komme. Vernehmt das Wort des Herrn und seid still und ruhig, bis des Herrn Rede beendet ist!" Sofort verstummten zum Staunen und zur Verwunderung aller Umstehenden die Vögel und bewegten sich nicht von jenem Platze, bis die Predigt zu Ende war. Als die Leute dieses Zeichen sahen, ergriff sie gewaltiges Staunen, daß sie riefen: „Dieser Mensch ist wahrhaft ein Heiliger und Freund des Allerhöchsten!" Voll großer Ehrfurcht eilten sie herbei, um wenigstens seine Kleider zu berühren, und lobten und priesen Gott. (1 Cel 59)

Bruder Hase

Als Franziskus sich einmal im Dorf Greccio aufhielt, brachte ihm ein Bruder ein Häslein, das sich in der Schlinge gefangen hatte und noch lebte. Als der Selige es sah, sprach er liebevoll: „Bruder Häslein, komm her zu mir! Warum hast du dich so überlisten lassen?“ Da ließ es der Bruder, der es hielt, frei, und sogleich flüchtete es zum Heiligen. Und ohne daß es jemand dazu nötigte, ruhte es in seinem Schoß, als wäre das der sicherste Platz. Nachdem es dort ein Weilchen geruht hatte, streichelte es der heilige Vater mit mütterlicher Zärtlichkeit und wollte es dann laufen lassen, damit es frei in den Wald zurückkehre. Oftmals setzte es der Heilige auf den Boden; doch jedesmal sprang es in seinen Schoß zurück. Da befahl er schließlich den Brüdern, sie sollten das Häslein in den nahen Wald bringen. (1 Cel 60)

Bruder Fisch

Als er (Franziskus) nämlich eines Tages auf dem See von Rieti in der Nähe eines Hafenplatzes in einem Schifflein saß, fing ein Fischer gerade einen großen Fisch von der Art, die im Volksmund Schleie heißt, und bot ihn von Herzen dem Heiligen an. Heiter und freundlich nahm dieser den Fisch und begann ihn Bruder zu nennen. Und er setzte ihn außerhalb des Schiffleins ins Wasser und fing an, mit Hingabe den Namen des Herrn zu preisen. Und jener Fisch spielte eine Zeit lang, nämlich solange Franziskus im Gebet verharrte, neben dem Schifflein im Wasser und wich nicht von der Stelle, wo er ihn hingesetzt hatte, bis der Heilige Gottes nach Beendigung seines Gebetes ihm die Erlaubnis gab wegzuschwimmen. (1 Cel 61)

Bruder Feuer

Als man ihn bei seiner Augenkrankheit nötigte, sich heilen zu lassen, rief man in die Niederlassung einen Arzt. Dieser kam, brachte ein eisernes Instrument mit, um eine Ätzung vorzunehmen, und ließ es ins Feuer legen, bis es glühte. Aber der selige Vater ermutigte seinen Leib, der schon von Schauer geschüttelt wurde, und sprach das Feuer folgendermaßen an: „Mein Bruder Feuer, herrlicher als die übrigen Dinge, kraftvoll, schön und nützlich hat dich der Allerhöchste geschaffen. Sei mir in dieser Stunde gewogen, sei höflich! Denn schon lange habe ich dich im Herrn geliebt. Ich bitte den großen Herrn, der dich geschaffen, er möge deine Hitze ein wenig kühlen, daß ich dein sanftes Brennen aushalten kann. Nach vollendetem Gebet machte er über das Feuer das Kreuzzeichen und hielt sich dann ruhig bereit. Der Arzt nahm das weißglühende Eisen in die Hand; die Brüder machten sich auf und davon, von menschlichem Mitgefühl überwältigt; doch der Heilige bot sich fröhlich und freudig dem Eisen dar. Zischend drang das Eisen in das zarte Fleisch, und vom Ohr bis zu den Augenbrauen wurde nach und nach die Ätzung vollzogen. Welchen Schmerz ihm jenes Feuer bereitete, bezeugen die Worte des Heiligen, der es am besten wissen muß. Als die Brüder nämlich, die geflohen waren, zurückkamen, sagte ihnen der Vater lächelnd: „Ihr Kleinmütigen und Schwachherzigen, warum seid ihr geflohen? In Wahrheit sage ich euch, ich habe weder die Glut des Feuers gespürt noch sonst einen Schmerz des Fleisches empfunden.“ Und zum Arzt gewandt, sagte er: „Wenn das Fleisch noch nicht genug geätzt ist, ätze noch einmal!“ Der Arzt, der bei ähnlichen Fällen ganz anderes erlebt hatte, pries dieses Gotteswunder mit den Worten: „Brüder, ich sage euch, ich habe heute wunderbare Dinge gesehen!“ (2 Cel 166)

Der Falke

Als der selige Franziskus nach seiner Gewohnheit wieder einmal den Verkehr mit den Menschen floh und in einer Einsiedelei weilte, schloß ein Falke, der an dem Orte nistete, mit ihm einen innigen Freundschaftsbund. Er kündete nämlich zur Nachtzeit immer mit lautem Ruf die Stunde an, in der der Heilige gewohnt war, zum Göttlichen Offizium aufzustehen. Das war dem Heiligen Gottes sehr angenehm, weil der Falke durch die große Sorge, die er für ihn trug, ihm keine Gelegenheit zum Verschlafen gab. Als aber der Heilige unter einer Krankheit schwerer als sonst zu leiden hatte, schonte ihn der Falke und kündigte ihm nicht die frühzeitigen Nachtwachen an. Denn wie wenn er von Gott unterrichtet worden wäre, schlug er erst beim Morgengrauen mit leichtem Schlag die Glocke seiner Stimme. (2 Cel 168)

Die Grille

Neben der Zelle des Heiligen Gottes bei Portiunkula wohnte auf einem Feigenbaum eine Grille, die häufig mit gewohnter Lieblichkeit zirpte. Zuweilen streckte der selige Vater seine Hand nach ihr aus und rief sie gütig zu sich mit den Worten: „Meine Schwester Grille, komm her zu mir!" Und wie wenn sie vernünftig gewesen wäre, kam sie sofort auf seine Hand. Und er sagte zu ihr: „Singe, meine Schwester Grille, und lobe den Herrn, deinen Schöpfer, durch dein Jubilieren!" Ohne Zögern gehorchte sie und begann zu singen und hörte nicht eher auf, bis der Mann Gottes mit seinem Lob in ihr Lied einfiel und ihr befahl, an ihren gewohnten Platz zurückzufliegen. Dort blieb sie acht Tage lang ununterbrochen wie angebunden. Wenn der Heilige aus seiner Zelle kam, berührte er sie immer mit seinen Händen und befahl ihr zu zirpen. Seinen Befehlen kam sie immer eifrig nach. Und der Heilige sagte zu seinen Gefährten: „Geben wir unserer Schwester Grille Urlaub. Sie hat uns bis jetzt genug mit ihrem Lied fröhlich gemacht; es könnte sich sonst unser Fleisch dessen eitel rühmen.“ Und sofort flog sie fort, von ihm beurlaubt, und erschien dort ferner nicht mehr. (2 Cel 171)

Seine Liebe zum Feuer

Unter allen niederen und empfindungslosen Kreaturen fühlte er sich in besonderer Weise zum Feuer hingezogen wegen seiner Schönheit und seiner Nützlichkeit. Deshalb wollte er seine Aufgabe niemals behindern. Denn als er einmal nahe beim Feuer saß, griff das Feuer, ohne daß er es merkte, den Leinenstoff bzw. die Hosen in Kniehöhe an. Als er die Hitze des Feuers spürte, wollte er es nicht löschen. Sein Gefährte aber sah, daß seine Kleidung brannte, sprang zu ihm hin und wollte das Feuer löschen. Er aber wehrte es ihm und sagte: „Liebster Bruder, tue dem Bruder Feuer kein Leid an.“ Und so wollte er keinesfalls, daß das Feuer gelöscht werde.

Dieser aber ging eilends zu dem Bruder, der sein Guardian war, und führte ihn zum seligen Franziskus. Der Guardian löschte das Feuer sofort gegen den Willen des seligen Franziskus. Doch er wollte niemals, mochte es auch noch so notwendig sein, daß Feuer gelöscht werde, sei es eine Lampe oder eine Kerze. Er wollte nämlich nicht, daß ein Bruder ein Feuer oder ein qualmendes Stück Holz von einer Stelle zur anderen trage, wie es ja zu geschehen pflegt, sondern er wollte, daß das Holz auf die Erde gelegt werde, aus Ehrfurcht vor dem, dessen Geschöpf es ist. (Spiegel der Vollkommenheit, 116)

Das Lamm

Einmal befand er sich auf einer Reise durch die Mark Ancona. Er hatte in selbiger Stadt gerade das Wort des Herrn verkündet und setzte mit Herrn Paulus, den er als Minister über alle Brüder in dieser Provinz gesetzt hatte, seine Reise gen Osimo fort. Dort traf er auf dem Felde einen Hirten, der eine Herde Ziegen und Böcke weidete. Unter der Menge der Ziegen und Böcke befand sich ein Lämmlein, das ganz demütig dahinzog und ruhig weidete. – Als es der selige Franziskus sah, blieb er stehen und, von tiefem inneren Schmerz erfaßt, seufzte er laut und sprach zu dem Bruder, der ihn begleitete: „Siehst du dort nicht das Lamm, das unter diesen Ziegen und Böcken so sanft einhergeht? Ebenso sage ich dir, wandelte unser Herr Jesus Christus sanftmütig und demütig zwischen Pharisäern und Hohenpriestern. Ich bitte dich deshalb bei seiner Liebe, mein Sohn, teile mit mir das Mitleid mit diesem Lämmlein! Wir wollen einen Lösepreis dafür bezahlen und es aus der Mitte dieser Ziegen und Böcke hinwegführen!"

Bruder Paulus bewunderte seinen Schmerz und begann, auch seinerseits tiefes Mitleid zu empfinden. Sie hatten nichts als den wertlosen Habit, mit dem sie bekleidet waren, und so gerieten sie wegen der Bezahlung des Lösegeldes in Sorge. Da kam gerade ein Kaufmann des Weges und bot ihnen das gewünschte Geld an. Die beiden aber dankten Gott, nahmen das Lamm und kamen nach Osimo. Hier begaben sie sich zum Bischof dieser Stadt, von dem sie mit großer Ehrfurcht aufgenommen wurden. Doch der Herr Bischof wunderte sich über das Lamm, das der Gottesmann mit sich führte, und über die Liebe, die er gegen daßelbe hegte. Als aber der Diener Christi vor ihm eine lange Gleichnisrede über das Lamm gehalten hatte, da wurde der Bischof über die Reinheit des Gottesmannes im Herzen gerührt und dankte Gott. – Als Franziskus am folgenden Tag die Stadt verließ und darüber nachsann, was er mit dem Lamm anfangen solle, ließ er es auf den Rat seines Begleiters und Bruders in einem Kloster der Dienerinnen Christi bei S. Severino unterbringen. Und die ehrwürdigen Mägde Christi nahmen das Lämmlein mit Freuden auf, gleich als ob sie ein großes Geschenk von Gott erhalten hätten. Sie hüteten es lange Zeit mit großer Sorgfalt und webten von seiner Wolle einen Habit, den sie dem seligen Vater Franziskus zur Zeit eines Kapitels nach S. Maria von Portiunkula schickten. Der Heilige Gottes nahm ihn mit großer Ehrfurcht und hoher Freude entgegen, ergriff ihn, küßte ihn und lud alle Umstehenden ein, sich mit ihm zu freuen. (1 Cel 77–78)

Das fromme Schaf

Ein anderes Mal schenkte jemand dem Gottesmann bei Santa Maria von Portiunkula ein Schaf, das er dankbar aus Liebe zur Unschuld und Einfalt, wie sie in der Natur des Schafes liegen, annahm. In seiner Güte ermahnte er das Lamm, Gott zu loben und den Brüdern nicht lästig zu fallen. Das Schaf befolgte nun getreu die Mahnung des Gottesmannes, als ob es seine gütigen Worte verstanden hätte. Hörte es nämlich die Brüder im Chore singen, dann eilte es zur Kirche, beugte, ohne daß es jemand aufforderte, seine Knie, blökte vor dem Altar der Jungfrau, der Mutter des Gotteslammes, als wollte es sie freudig grüßen. Erhob bei der Feier der heiligen Messe der Priester den heiligsten Leib Christi, so verharrte das Tier auf den Knien, als wollte es durch seine Ehrfurcht die Unandächtigen wegen ihrer mangelnden Ehrfurcht tadeln und die Gläubigen Christi zur Ehrfurcht gegen das Sakrament auffordern. (LegMaj VIII, 7)

Wunderbare Erfahrungen

Wunder machen nicht die Heiligkeit eines Menschen aus, aber sie bekunden seine Heiligkeit.

Gott sorgt für die Seinen

Als sich der Selige in einer Einsiedelei bei Rieti aufhielt, besuchte ihn täglich ein Arzt, um seine Augen zu heilen. Eines Tages sagte der Heilige zu den Seinen: „Ladet den Arzt ein und gebt ihm recht gut zu essen." Da entgegnete ihm der Guardian und sprach: „Vater, mit Erröten müssen wir gestehen, wir schämen uns, ihn einzuladen, so arm sind wir gerade." Der Heilige antwortete: „Wollt ihr, daß ich es ein zweites Mal sage?" Der Arzt, der dabeistand, sprach: „Und ich, liebste Brüder, werde eure Armut als Genuß betrachten." Da beeilen sich die Brüder und bringen allen Vorrat des „Küchenmeisters" auf den Tisch, nämlich ein wenig Brot und nicht viel Wein; und damit sie noch feiner speisen, schickt die Küche noch ein wenig Gemüse dazu. Inzwischen hat der Tisch des Herrn Erbarmen mit dem Tisch der Knechte. Es klopft an der Türe; man eilt sogleich hinzu und siehe, eine Frau bringt einen Korb, gefüllt mit schönem Brot, mit Fischen und Hummerpasteten, obendrein beladen mit Honig und Trauben. Die Tafelrunde der Armen jauchzt bei diesem Anblick. Die geringen Speisen bewahren sie für morgen auf, die köstlichen essen sie heute. Der Arzt aber seufzte und sprach: „Weder ihr, Brüder, erkennt so, wie ihr sollt, die Heiligkeit dieses Mannes noch auch wir Weltleute!" Da sie schließlich gesättigt wurden, war es mehr das Wunder, das sie sättigte, als die Speise. (2 Cel 44)

Weinwunder

Der selige Franziskus weilte einmal wegen seiner Augenkrankheit in dem Haus eines armen Priesters bei der Kirche des heiligen Fabian in der Nähe von Rieti. Damals aber befand sich der Papst Honorius mit seinem ganzen Hofe in jener Stadt, und viele Kardinäle und hohe geistliche Würdenträger besuchten fast täglich den heiligen Franziskus, denn sie verehrten ihn alle sehr.

Zu jener Kirche gehörte ein kleiner Weinberg hinter dem Hause, in dem der selige Franziskus wohnte; und in dem Haus war eine Türe, durch die fast alle, die ihn besuchten, in jenen Weinberg gingen, weil damals die Trauben reif waren und der Platz sehr anmutig war. Und so geschah es, daß der ganze Weinberg verwüstet und fast aller seiner Trauben beraubt wurde.

Jener Priester aber nahm Ärgernis daran und sprach: „Wenn der Weinberg auch klein ist, so brachte er mir doch so viel Wein, daß ich davon leben konnte, und nun habe ich ihn für dieses Jahr verloren." Als der selige Franziskus dies hörte, ließ er ihn zu sich rufen und sprach zu ihm: „Herr, betrübe dich nicht, denn wir können es jetzt nicht mehr ändern; aber vertraue auf den Herrn, denn er wird dir für mich, seinen Knecht, deinen Schaden erstatten. Sage mir, wieviel Wein du geerntet hast, als der Ertrag des Weinbergs am größten war?" Und der Priester erwiderte ihm: „Vater, es waren dreizehn Hektoliter." Da sprach zu ihm der selige Franziskus: „Betrübe dich nicht und sage keinem wegen dieser Sache ein unrechtes Wort; sondern vertraue dem Herrn und meinen Worten, und wenn du weniger als zwanzig Hektoliter Wein ernten wirst, sollst du den Rest von mir erhalten."

Von da an schwieg der Priester und war beruhigt; zur Zeit der Weinlese aber erntete er durch göttliche Fügung von seinem Weinberge nicht weniger als zwanzig Hektoliter Wein. Und der Priester und alle, die davon hörten, wunderten sich sehr und sprachen: „Wenn dieser Weinberg voller Trauben gewesen wäre, so hätte man unmöglich zwanzig Fässer Wein ernten können.“ (Spiegel der Vollkommenheit, 104)

Wasser aus dem Felsen

Ein anderes Mal wollte sich der Gottesmann zu einer Einsiedelei begeben, um dort ungestört der Beschauung zu leben. Weil er sich schwach fühlte, ritt er auf dem Esel eines armen Mannes. Da dieser in der Sommerhitze dem Diener Christi folgend den Berg hinanstieg, ermüdete er durch den weiten steinigen Weg und war von brennendem Durst völlig erschöpft. Flehentlich rief er darum dem Heiligen nach: „Ich sterbe vor Durst, wenn mich nicht bald jemand mit einem wohltuenden Trunk stärken kann!“ Da sprang der Gottesmann unverzüglich von seinem Esel, kniete sich auf die Erde nieder, streckte seine Hände zum Himmel und hörte nicht eher mit dem Beten auf, bis er sich erhört wußte. Nach dem Gebet sprach er zu dem Manne: „Lauf zu jenem Felsen! Dort findest du die Wasserquelle, die zu dieser Stunde Christus in seiner Barmherzigkeit dir zum Trunk aus dem Felsen entspringen ließ.“ Welch bewundernswerte Herablassung Gottes, die sich so bereitwillig zu seinen Dienern niederbeugt! Der durstige Mann trank Wasser, das durch die Kraft des Gebetes aus dem Felsen entsprang, und füllte seinen Becher an der Quelle aus hartem Gefels. Früher floß dort kein Wasser, und auch nachher war trotz sorgfältigen Suchens keines mehr zu finden. (LegMaj VII, 12)

Petersilie im Garten

Eines Nachts, als dem seligen Franziskus infolge schwerster Krankheit ganz elend war, sagte er zu seinen Gefährten: „Ich möchte mich stärken, Brüder, und etwas essen, wenn es möglich wäre." Seine Gefährten sagten zu ihm: „Was möchtest du essen, Vater?" Er sagte: „Wenn ich etwas Petersilie hätte, könnte ich vielleicht ein wenig Brot mit Petersilie essen." Seine Gefährten sagten zu dem Bruder, der die Küche versorgte: „Glaubst du, Bruder, daß du im Garten etwas Petersilie finden kannst?" Es war der Garten neben dem Bischofspalast, wo der selige Franziskus lag. Der Bruder antwortete und sprach zu ihnen: „Nicht nur in der Nacht, sondern auch am Tage finde ich keine, ganz besonders deswegen, weil ich das wenige, das ich gefunden, täglich zusammengelesen habe." Der selige Franziskus sagte aber zu ihm: „Geh, Bruder, vielleicht findest du." Der Bruder sagte zu ihm: „Die Dunkelheit ist groß, und ein Licht kann ich nicht tragen, weil der Wind kräftig bläst; wie also soll ich sie finden? Wegen der Dunkelheit kann ich die Kräuter nicht unterscheiden, und auch tagsüber finde ich sie kaum." Der selige Franziskus sagte zu ihm: „Geh, Bruder, laß es dich nicht verdrießen und mach nur folgendes: wenn du den Garten betreten hast, bück dich und leg deine Hand auf die Erde und bring mir jene Kräuter, die du zuerst berührt hast." Alsdann ging jener ohne Licht; und als er den Garten betrat, konnte er die wild wachsenden Kräuter nicht von den Küchenkräutern unterscheiden. Aber nur um den seligen Franziskus zufriedenzustellen, bückte er sich und sammelte mit einer Hand die ersten Kräuter, die er antraf, wie der selige Franziskus ihm gesagt hatte, und brachte sie zum seligen Franziskus. Und als ein Bruder sah, daß es wild wachsende Kräuter waren, begann er sie hierhin und dahin zu zerpflücken. Und es geschah durch göttliche Fügung, daß er wegen des Glaubens des seligen Franziskus unter jenen

Kräutern eine große und schöne Petersilie fand. Und die Brüder freuten sich über alle Maßen und staunten sehr, als sie die Heiligkeit und den Glauben des seligen Franziskus erwogen. Der selige Franziskus aber sagte zu seinen Gefährten: „Ihr sollt mich eine Sache nicht so oft sagen lassen.“ Und als er ein wenig gegessen hatte, war er gestärkt. Denn der selige Franziskus war von so großer Reinheit und hatte einen so großen tiefen Glauben, daß der Herr durch seinen Glauben außen und innen so große und viele Wunder wirkte, sowohl für ihn wie für andere. (2 Cel 51)

Von der Kraft des Gebetes

Ein andermal geschah es, daß der Abt des Klosters S. Giustino im Bistum Perugia dem heiligen Franziskus begegnete. Er stieg schnell vom Pferde und wechselte mit dem Heiligen einige Worte über das Heil seiner Seele. Beim Weggehen bat er ihn demütig um sein Gebet. Der heilige Franziskus antwortete ihm: „Gerne will ich beten, Herr!“ Als sich der Abt noch gar nicht weit vom heiligen Franziskus entfernt hatte, sagte der Heilige zu seinem Gefährten: „Warte ein wenig, Bruder, denn ich will mein Versprechen, das ich schuldig bin, einlösen.“ Denn er war es immer gewohnt, wenn er um sein Gebet gebeten wurde, es nicht auf die lange Bank zu schieben, sondern ein derartiges Versprechen sofort zu erfüllen. Wie nun der Heilige zu Gott flehte, fühlte der Abt im Geiste plötzlich eine ungewohnte Wärme und eine bisher ungekannte Süße, so daß er in Verzückung geriet und ihm die Sinne gänzlich geschwunden zu sein schienen. Er hielt eine kleine Weile inne. Als er wieder zu sich gekommen war, erkannte er die Kraft des Gebetes des heiligen Franziskus. Er entbrannte daher von immer größerer Liebe zu dem Orden, und vielen Leuten erzählte er das Geschehnis als ein Wunder. (2 Cel 101)

Pace e bene – Frieden und alles Gute

Bei jeder Predigt flehte er, bevor er den Versammelten das Wort Gottes vorlegte, den Frieden herab mit den Worten: „Der Herr gebe euch den Frieden." Diesen Frieden verkündete er allzeit mit größter Liebesglut Männern und Frauen, allen Leuten, die ihm auf dem Wege begegneten. (1 Cel 23)

Frieden für Arezzo

Einmal kam er zufällig nach Arezzo. Die ganze Stadt war dort durch Bürgerkrieg entzweit und schien dem Untergang geweiht. Er fand nahe bei der Stadt Herberge.

Hier sah er, wie die Teufel über der Stadt frohlockten und die erregten Bürger zum gegenseitigen Morden aneiferten. Um nun die Geister des Aufruhrs in den Lüften zu vertreiben, sandte er Bruder Silvester, einen Mann mit der Einfalt einer Taube, als seinen Herold mit folgendem Auftrag voraus: „Tritt vor das Stadttor und befiehl im Namen Gottes kraft des Gehorsams den Teufeln, schnell von dannen zu ziehen!"

In echtem Gehorsam erfüllte er schnell den Befehl des Vaters. Und mit Lobliedern vor das Antlitz Gottes tretend, rief er am Stadttor mit lauter Stimme: „Kraft des allmächtigen Gottes und auf Befehl seines Dieners Franziskus: macht euch fort von hier, alle bösen Geister!" Sogleich kehrte wieder Friede in die Stadt ein, und mit großer Besonnenheit reformierten alle Bürger ihre Verfassung. So wurden die unheilbringenden, hochmütigen Teufel verjagt, die jene Stadt wie bei einer Belagerung bedrängt hatten; dann kehrte die Weisheit des Armen, nämlich die Demut des Franziskus, in ihr ein, schenkte den Frieden wieder und rettete die Stadt. (LegMaj VI, 9)

Franziskus stiftet Frieden in Assisi

Zur selben Zeit, als er (Franziskus) krank war, nachdem er auch das vorgenannte Lied (= Sonnengesang) schon komponiert hatte, exkommunizierte der Bischof der Stadt Assisi, der damals regierte, den Bürgermeister von Assisi. Weil er gegen ihn entrüstet war, ließ jener, der Bürgermeister war, lautstark und eifrig durch die Stadt Assisi verkünden, daß kein Mensch dem Bischof etwas verkaufen oder von ihm etwas kaufen oder mit ihm einen Vertrag abschließen dürfe. Und so haßten sie sich gegenseitig überaus.

Während der selige Franziskus so krank war, war er von Mitleid mit ihnen bewegt, vor allem weil kein Ordensmann oder Laie zwischen ihnen Frieden und Einheit stiftete. Und er sagte zu seinen Gefährten: „Große Schande ist es für euch, Knechte Gottes, daß der Bischof und der Bürgermeister sich gegenseitig so hassen und keiner zwischen ihnen Frieden und Einheit stiftet."

Und so machte er bei dieser Gelegenheit eine Strophe zu jenem Lied, nämlich:

Lob sei dir, mein Herr,
durch jene, die um deiner Liebe willen vergeben
und Schwachheit und Not ertragen.
Selig, die ausharren in Frieden.
Du Höchster wirst sie krönen.

Nachher rief er einen seiner Gefährten und sagte zu ihm: „Geh und sag dem Bürgermeister in meinem Namen, er solle mit den Würdenträgern der Stadt und anderen, die er mit sich führen kann, zum Bischofspalast kommen."

Und nachdem jener gegangen war, sagte er zu zwei anderen seiner Gefährten: „Geht und singt vor dem Bischof und dem Bürgermeister und den anderen, die mit ihnen sind, den Sonnengesang. Und ich vertraue auf den Herrn, daß er ihre Herzen demütigen wird und daß sie miteinander Frieden schließen werden und zurückkehren zur früheren Freundschaft und Liebe."

Und als alle im Innenhof des Bischofssitzes zusammengekommen waren, standen jene zwei Brüder auf, und einer von ihnen sagte: „Der selige Franziskus komponierte in seiner Krankheit ein Lied auf den Herrn über seine Geschöpfe zum Lob Gottes und zur Erbauung des Menschen. Daher bittet er euch, es mit großer Hingabe zu hören." Und so begannen sie, es zu singen und ihnen vorzutragen. Und sofort stand der Bürgermeister auf, und mit gefalteten Händen und mit so großer Hingabe wie gegenüber dem Evangelium des Herrn, ja sogar mit Tränen hörte er aufmerksam zu. Er hatte nämlich großes Vertrauen und Ehrfurcht gegenüber dem seligen Franziskus.

Nach Beendigung des Liedes auf den Herrn sagte der Bürgermeister vor allen: „In Wahrheit sage ich euch, daß ich nicht nur dem Herrn Bischof, den ich für meinen Herrn halten muß, verzeihen würde, sondern auch, wenn jemand meinen Bruder oder Sohn getötet hätte." Und so warf er sich zu Füßen des Herrn Bischofs nieder und sagte zu ihm: „Seht, ich bin bereit, euch für alles Genugtuung zu leisten, wie es euch gefällt in der Liebe eures Herrn Jesus Christus und seines Knechtes, des seligen Franziskus." Der Bischof streckte ihm die Hände entgegen und sagte zu ihm: „Von meinem Amt her geziemt es mir, demütig zu sein. Aber weil ich von Natur aus zum Zorn neige, sollst du mir verzeihen."

Und so umarmten sie sich voller Güte und Liebe und küßten sich gegenseitig.

Und die Brüder wunderten sich überaus und bedachten die Heiligkeit des seligen Franziskus, weil buchstäblich wahr geworden war, was er über den Frieden und die Einheit des Bischofs und des Bürgermeisters vorausgesagt hatte. Und alle anderen, die dort dabei waren und zuhörten, hielten das für ein großes Wunder und schrieben es den Verdiensten des seligen Franziskus zu, daß der Herr sie so schnell heimgesucht und daß sie, ohne ein Wort zu erwähnen, von einem solchen Ärgernis zu einer solchen Einheit zurückgekehrt waren. (LegPer 84)

Versöhnung zwischen Brüdern

Es geschah einmal, daß ein Bruder vor einem vornehmen Herrn von der Insel Cypern einem andern Bruder ein unrechtes Wort sagte. Als er sah, daß sein Bruder darüber ein wenig verwirrt war, entbrannte er gleichsam vor Rache gegen sich selbst, nahm den Mist eines Esels in seinen Mund, zerrieb ihn mit seinen Zähnen und sprach: „Mist kauen soll der Mund, der meinen Bruder mit dem Gift des Zornes besudelte!“ Als jener Mann das sah, erstaunte er gewaltig und ward sehr erbaut und überließ von diesem Augenblicke an sich und all das seinige dem Willen der Brüder.

Es herrschte bei den Brüdern die Sitte, daß, wenn einer von ihnen dem andern ein unrechtes oder unüberlegtes Wort gesagt hatte, er sich sogleich dem erzürnten Bruder zu Füßen warf und ihn demütig um Verzeihung bat. Und der heilige Vater freute sich darüber, wenn er hörte, daß seine Söhne von sich aus Beispiele der Heiligkeit gaben. (Spiegel der Vollkommenheit, 51)

Der Wolf von Gubbio

Zu der Zeit, als der heilige Franziskus in der Stadt Gubbio weilte, tauchte in der Umgebung von Gubbio ein ungeheuer großer, schrecklicher und wilder Wolf auf, der nicht nur Tiere verschlang, sondern auch Menschen. Aus diesem Grund befanden sich alle Bürger in Angst, weil der Wolf sich öfter auch der Stadt näherte. Wenn sie diese verließen, gingen sie immer bewaffnet, als ob sie in die Schlacht zögen. Aber auch mit alldem konnte man sich gegen ihn nicht verteidigen, wenn er einem allein begegnete. Aus Furcht vor diesem Wolf kam es so weit, daß keiner mehr wagte, die Stadt zu verlassen.

Der heilige Franziskus hatte deshalb Mitleid mit den Menschen der Stadt und wollte zu diesem Wolf hinausgehen, obwohl ihm die Bürger um jeden Preis davon abrieten. Er aber machte das Kreuzzeichen, setzte all sein Vertrauen auf Gott und ging mit seinen Gefährten zur Stadt hinaus. Als den anderen Bedenken kamen, noch weiterzugehen, schlug der heilige Franziskus allein den Weg zu dem Platz ein, wo der Wolf hauste. Und siehe, als der Wolf die vielen Menschen sah, die gekommen waren, um dieses Schauspiel zu sehen, lief er mit offenem Rachen dem heiligen Franziskus entgegen.

Als er sich ihm so näherte, machte der heilige Franziskus das Kreuzzeichen über ihn, rief ihn zu sich und sagte: „Komm her da, Bruder Wolf! Im Namen Christi gebiete ich dir, weder mir noch irgendeinem Menschen etwas Böses zu tun.“ Welch ein Wunder! Kaum hatte der heilige Franziskus das Kreuzzeichen gemacht, da schloß der schreckliche Wolf seinen Rachen und hielt seinen Lauf an. Und kaum hatte er den Befehl ausgesprochen, da kam der Wolf sanftmütig wie ein Lamm daher, warf sich dem heiligen Franziskus zu Füßen und legte sich hin. Da sprach der heilige Franziskus zu ihm: „Bruder Wolf, du richtest viel Schaden an in dieser Gegend und hast bereits sehr schlimme Missetaten verübt, indem du die Geschöpfe Gottes ohne seine Erlaubnis vernichtet und getötet hast. Aber nicht nur Tiere hast du getötet und gefressen, sondern dich auch erkühnt, die Menschen, die nach dem Bilde Gottes geschaffen sind, zu töten und zu vernichten. Deshalb verdienst du als übelster Dieb und Räuber den Galgen, denn das ganze Volk schreit und schimpft gegen dich und das ganze Land hast du zum Feind. Ich will aber, Bruder Wolf, Frieden machen zwischen dir und ihnen, indem du sie nicht mehr angreifst; sie aber sollen dir jede vergangene Missetat vergeben, und weder Menschen noch Hunde sollen dir weiter nachstellen."

Auf diese Worte hin bezeugte der Wolf mit Gesten des Körpers und des Schwanzes, der Ohren und mit Kopfnicken, daß er das, was der heilige Franziskus sagte, annehmen und beobachten wolle. Da sagte der heilige Franziskus: „Bruder Wolf, da es dir gefällt, diesen Frieden einzugehen und zu halten, verspreche ich dir, dafür zu sorgen, daß dir die Menschen dieser Gegend immer Nahrung geben, solange du lebst, so daß du keinen Hunger mehr zu leiden brauchst. Denn ich weiß sehr wohl, daß du aus Hunger all das Böse getan hast. Weil ich dir aber diese Gnade erwirken werde, will ich von dir, Bruder Wolf, daß du mir versprichst, niemals wieder irgendeinem Menschen oder Tier Schaden zuzufügen. Versprichst du mir das?" Der Wolf gab durch Kopfnicken deutlich zu verstehen, daß er dies versprechen wolle. Darauf sagte der heilige Franziskus: „Bruder Wolf, ich will, daß du mir dieses Versprechen beglaubigst, so daß ich fest darauf vertrauen kann." Als der heilige Franziskus die Hand ausstreckte, um die Beglaubigung entgegenzunehmen, hob der Wolf die rechte Tatze und legte sie ganz zahm auf die Hand des heiligen Franziskus. Auf solche Weise gab er ihm dieses Zeichen der Beglaubigung, zu dem er fähig war.

Dann sagte der heilige Franziskus: „Bruder Wolf, ich befehle dir im Namen Jesu Christi, jetzt unverzüglich mit mir zu kommen, damit wir hingehen, um diesen Frieden im Namen Gottes zu bekräftigen. Der Wolf ging gehorsam mit ihm wie ein sanftes Lamm, so daß sich die Bürger, die dieses sahen, äußerst wunderten und man von dieser Neuigkeit sofort in der ganzen Stadt wußte. Daher strömten alle Leute, groß und klein, Männer und Frauen, Junge und Alte zum Platz, um den Wolf mit dem heiligen Franziskus zu sehen. Als sich das ganze Volk dort versammelt hatte, erhob sich der heilige Franziskus und hielt ihnen ein Predigt. Unter anderem sagte er, daß Gott solches Unheil wegen der Sünden zulasse. Noch viel schlimmer aber als der Grimm des Wolfes, der nur den Leib zu töten vermag, sei das Feuer der Hölle, das für die Verdammten ewig dauert. Wie sehr müßte man daher den Rachen der Hölle fürchten, wenn schon der Rachen eines kleinen Tieres eine so große Menge in Angst und Schrecken hält. „Kehrt also um zu Gott, ihr Lieben, und tut angemessene Buße für eure Sünden. Dann wird Gott euch in der Gegenwart vom Wolf befreien und in der Zukunft vom Feuer der Hölle."

Nach der Predigt sagte der heilige Franziskus: „Hört, meine Brüder! Bruder Wolf, der hier vor euch ist, hat mir versprochen und mir dieses Versprechen beglaubigt, mit euch Frieden zu machen. Er wird euch auf keinerlei Weise mehr Böses antun, wenn ihr ihm versprecht, ihm jeden Tag das zum Leben Notwendige zu geben. Ich aber will für ihn als Bürge eintreten, daß er den Friedensvertrag unverbrüchlich halten wird." Darauf versprach das ganze Volk einstimmig, ihn regelmäßig zu verpflegen. Der heilige Franziskus aber sagte vor allen Leuten zum Wolf: „Und du, Bruder Wolf, versprichst du, diesen Leuten gegenüber den Friedensvertrag zu halten, indem du weder Menschen noch Tieren noch irgendeiner Kreatur Leid zufügst?" Der Wolf ging in die Knie, senkte den Kopf und bezeugte, so gut er es vermochte, mit sanften Bewegungen des Körpers, des Schwanzes und der Ohren, daß er ihnen gegenüber den ganzen Vertrag halten wolle. Der heilige Franziskus sagte: „Bruder Wolf, ich will, daß du mir auch jetzt vor dem ganzen Volk dieses Versprechen beglaubigst, wie du es mir vor dem Tor beglaubigst hast. Du sollst mich auch in meiner Bürgschaft, die ich für dich eingegangen bin, nicht betrügen." Da hob der Wolf die rechte Tatze und legte sie in die Hand des heiligen Franziskus. Aufgrund dieses Ereignisses und der andern obengenannten Begebenheiten entstand beim ganzen Volk Bewunderung und Fröhlichkeit, sei es aus Verehrung für den Heiligen, sei es wegen der Neuheit des Wunders, sei es wegen des Friedens mit dem Wolf.

So begannen alle, zum Himmel zu rufen und Gott zu loben und zu preisen, weil er ihnen den heiligen Franziskus gesandt hatte, der sie durch seine Verdienste aus dem Rachen dieser grausamen Bestie befreit hatte. Der Wolf lebte darauf noch zwei Jahre in Gubbio und ging zahm zwischen den Häusern von Tür zu Tür, ohne irgendjemandem Leid anzutun und ohne daß man ihm solches zufügte. Er wurde von den Leuten freundlich gefüttert, und wenn er so auf dem Land oder zwischen den Häusern umherlief, bellte ihm kein einziger Hund nach. Nach zwei Jahren schließlich starb Bruder Wolf an Altersschwäche. Die Bürger betrübten sich aber sehr darüber, denn wenn sie ihn so zahm durch die Stadt laufen sahen, erinnerten sie sich umso mehr an die Tugend und Heiligkeit des heiligen Franziskus. (Fioretti, 21)

Frieden durch Verzicht

Nach wenigen Tagen aber kamen drei andere Brüder oder vielmehr Männer aus Assisi zu ihnen, nämlich Sabatinus, Morikus und Johannes de Capella. Sie baten den seligen Franziskus inständig, er möge sie unter die Brüder aufnehmen. Er nahm sie demütig und gütig auf. Wenn sie aber um Almosen in der Stadt bettelten, gab ihnen kaum jemand etwas, sondern man machte ihnen Vorwürfe mit den Worten, sie hätten ihren Besitz aufgegeben und verzehrten fremden. Und so litten sie sehr große Not. Sogar ihre Eltern und Verwandten verfolgten sie; andere Leute aus der Stadt verlachten sie als Dummköpfe und Narren, weil in jener Zeit niemand sein Eigentum verließ, um dann von Tür zu Tür um Almosen zu betteln.

Doch der Bischof der Stadt Assisi, zu dem der Mann Gottes häufig sich Rat holen ging, nahm ihn gütig auf und sprach zu ihm: „Hart scheint mir eure Lebensweise und rauh, nichts in der Welt zu besitzen." Zu ihm sagte der Heilige: „Herr, wenn wir irgendwelche Besitztümer hätten, wären uns Waffen nötig für unsere Obhut. Denn daraus entstehen Rechtsstreite und Zänkereien, und dadurch wird die Gottes- und Nächstenliebe gewöhnlich vielfach behindert. Und deshalb wollen wir in dieser Welt kein zeitliches Gut besitzen." (DreiGefLeg 35)

Franziskus und Klara

Als Klara den damals schon bekannten Namen Franziskus hörte, der wie ein neuer Mensch den in der Welt vergessenen Weg der Vollkommenheit mit neuen Tugenden wiederbelebte, sehnte sie sich, ihn alsbald zu hören und zu sehen. (Grau/ Schlosser, Leben und Schriften der hl. Klara, S. 123)

Blühende Rosen im Winter

Eines Tages kamen Franz und Klara von Spello gen Assisi und wurden dabei nicht wenig beunruhigt. Sie waren nämlich für eine Weile in ein Haus getreten, wo man ihnen auf ihre Bitte etwas Brot und Wasser gab. Aber dabei hatten sie böse Blicke auf sich gezogen, und sie mußten peinliches Geflüster mit versteckten Anspielungen und Witzen hinnehmen. Schweigend gingen sie weiter. Es war die kalte Jahreszeit und das Land ringsum mit Schnee bedeckt. Schon begann es am Horizont zu dunkeln … Plötzlich sagte Franz: „Schwester, hast du verstanden, was die Leute von uns gesagt haben?"

Klara gab keine Antwort. Ihr Herz war wie von Zangen gepeinigt, und sie spürte, wenn sie etwas sagen würde, hätte sie die Tränen nicht unterdrücken können.

„Es ist Zeit, uns zu trennen", sagte schließlich der heilige Franz. „Du wirst noch vor dem Einbrechen der Nacht im Kloster sein. Ich werde allein gehen und von weitem folgen, wie Gott mich führt."

Da warf sich Klara mitten auf dem Wege in die Knie. Nach einer Weile hatte sie sich gefaßt, stand auf und ging gesenkten Hauptes weiter, ohne rückwärts nach ihm zu schauen.

Der Weg führte durch einen Wald. Auf einmal aber hatte sie nicht mehr die Kraft, so ohne Trost und Hoffen, ohne ein Abschiedswort von ihm zu gehen. Sie wartete. „Vater", sagte sie, „wann werden wir uns wiedersehen?"

„Wenn der Sommer kommt, wenn die Rosen blühen!"

Da geschah etwas Wunderbares. Auf einmal war ihnen, als blühten ringsum auf den Dolden der Wacholdersträuche und auf den von Reif bedeckten Hecken eine Unzahl von Rosen.

Nach dem ersten Staunen eilte Klara hin und pflückte einen Strauß von Rosen und legte ihn Franz in die Hände. Von diesem Tage an waren Franz und Klara nie mehr getrennt. (Volkslegende)

Das Gesicht im Brunnen

Eines Tages hatten sich Bruder Franz und Bruder Leo zusammen nach Siena begeben; aber sie wurden dort von den Leuten ziemlich unfreundlich aufgenommen, und der Heilige war deshalb nicht wenig betrübt. Den Weg entlang, während es dunkelte, dachte er an das süße Assisi, wo er seine geistlichen Söhne und Klara, die Tochter seines Herzens, zurückgelassen hatte. Er wußte, daß die fromme Jungfrau um ihrer Liebe zur Armut willen großen Widrigkeiten ausgesetzt war, und er war zur Zeit nicht ohne Sorge, seine geliebte Tochter möchte an Leib und Seele krank werden und könnte sich, in S. Damiano auf sich selber angewiesen, von ihren heiligen Vorsätzen abdrängen lassen. Dieser Zweifel bedrückte ihn in einem Maße, daß er an der Stelle, wo die Straße in das Hügelland einbiegt, das Gefühl hatte, seine Füße würden ihm jeden Augenblick in die Erde versinken.

Er schleppte sich zu einem Brunnen, an dem das frische Wasser sprudelte und im Trog eine klare Fläche bildete, auf die der Strahl vom Brunnenrohr niederfiel. Lange stand der Mann Gottes über dem Brunnen geneigt. Dann hob er auf einmal den Kopf und sagte freudig zu Bruder Leo: „Bruder Leo, Lämmlein Gottes, was glaubst du, habe ich im Brunnenwasser gesehen?“

„Den Mond, Vater, der sich darin spiegelt“, erwiderte Bruder Leo.

„Nein, Bruder Leo; nicht unsern Bruder Mond habe ich im Brunnenwasser gesehen, sondern durch die anbetungswürdige Gnade des Herrn sah ich darin das wirkliche Antlitz unserer Schwester Klara, und es war so rein und strahlend von heiliger Freude, daß mir alle meine Zweifel auf einmal verflogen sind, und ich habe die Gewißheit erhalten, daß unsere Schwester in dieser Stunde jene tiefe Freude genießt, die Gott seinen Lieblingen gewährt, indem er sie mit den Schätzen der Armut überhäuft. (Volkslegende)

Vision von der Brust des heiligen Franziskus

Auch erzählte diese Frau Klara, daß es ihr einmal in einem Traumgesicht schien, daß sie ein Gefäß mit warmem Wasser und ein Handtuch zum Trocknen der Hände zum heiligen Franziskus brachte; und sie stieg eine hohe Treppe hinauf, aber sie ging so leicht, als ob sie zu ebener Erde ginge. Und beim heiligen Franziskus angekommen, nahm dieser Heilige eine Brustwarze von seiner Brust und sagte zur Jungfrau Klara: „Komm, nimm und sauge!“ Und als sie gesaugt hatte, redete ihr der Heilige zu, daß sie noch einmal saugen dürfe; und was sie daraus sog, war so süß und köstlich, daß sie es auf keine Weise beschreiben könnte. Und nachdem sie gesaugt hatte, blieb jene Rundung, d. h. die Öffnung der Brust, woraus die Milch floß, zwischen den Lippen der seligen Klara. Und als sie das, was ihr im Munde geblieben war, mit den Händen anfaßte, schien es ihr, als sei es klares und leuchtendes Gold gewesen, so daß sie sich ganz darin sehen konnte, gleichsam wie in einem Spiegel." (Prozeß der hl. Klara 3, 29)

Franziskus sucht nach dem Willen Gottes

Kurze Zeit nach seiner Bekehrung, als der demütige Knecht Christi, der heilige Franziskus, bereits viele Gefährten um sich versammelt und in den Orden aufgenommen hatte, geriet er in schwere Bedenken und große Zweifel darüber, was er zu tun hätte: ob er sich allein aufs Beten verlegen oder zuweilen auch predigen sollte. Er wünsche sich deshalb sehr, darüber den Willen Gottes zu erfahren. Da aber die Demut, die in ihm war, ihm nicht gestattete, dies selbst oder aufgrund seiner eigenen Gebete zu entscheiden, dachte er, den Willen Gottes durch die Gebete anderer zu erforschen. Daher rief er Bruder Masseo zu sich und sagte: „Geh zu Schwester Klara und sag ihr in meinem Namen, sie möge zusammen mit einigen ihrer in geistlichen Dingen erfahrensten Gefährtinnen Gott voll Hingabe bitten, mir nach seinem Wohlgefallen zu zeigen, was besser sei: ob ich mich der Predigt widmen soll oder allein dem Gebet. Dann geh zu Bruder Silvester und sag ihm das gleiche." Dieser war aber in der Welt jener Herr Silvester gewesen, der aus dem Mund des heiligen Franziskus ein goldenes Kreuz hatte hervorgehen sehen, das so hoch wie der Himmel und so breit wie die Enden der Erde war. Dieser Bruder Silvester war von einer solchen Frömmigkeit und Heiligkeit, daß er bei allem, was er von Gott erbat, erhört wurde und oftmals mit Gott selbst redete. Daher hegte der heilige Franziskus große Verehrung für ihn.

Bruder Masseo ging nun hin und überbrachte gemäß dem Auftrag des heiligen Franziskus die Botschaft zuerst an die heilige Klara, dann an Bruder Silvester. Sobald dieser die Botschaft empfangen hatte, begab er sich sogleich ins Gebet und erhielt während des Betens die Antwort Gottes. Er kehrte zu Bruder Masseo zurück und sagte: „Gott sagt, du sollst dem Bruder Franziskus ausrichten, Gott habe ihn nicht für sich allein in diesen Stand berufen, sondern damit er Frucht an Seelen bringe und viele durch ihn gerettet werden.“ Als Bruder Masseo diese Antwort erhalten hatte, kehrte er zur heiligen Klara zurück, um zu erfahren, was sie von Gott erlangt habe. Sie antwortete, sie und die anderen Gefährtinnen hätten von Gott dieselbe Antwort erhalten wie Bruder Silvester.

Mit diesem Bescheid kehrte Bruder Masseo zum heiligen Franziskus zurück. Der heilige Franziskus empfing ihn mit überaus großer Liebe, wusch ihm die Füße und richtete ihm das Essen. Nach dem Essen rief er Bruder Masseo in den Wald, kniete sich vor ihm nieder, zog die Kapuze zurück, kreuzte seine Arme und fragte ihn: „Was befiehlt mir mein Herr Jesus Christus zu tun?“ Bruder Masseo erwiderte, Christus habe Bruder Silvester und Schwester Klara und deren Schwestern folgendes geantwortet und geoffenbart: „Es ist sein Wille, daß du durch die Welt ziehst, um zu predigen, denn er hat dich nicht für dich allein erwählt, sondern auch um des Heiles der anderen willen.“ Als der heilige Franziskus diese Antwort vernommen und in ihr den Willen Gottes erkannt hatte, erhob er sich glühend vor Eifer und sagte: „Dann wollen wir im Namen Gottes gehen.“ (Fioretti, 16)

Das Geheimnis des La Verna

Wie war doch der ein vollkommener Christ, der in seinem Leben dem lebenden, in seinem Sterben dem sterbenden und in seinem Tode dem toten Christus in vollkommener Gleichförmigkeit nachfolgen wollte und den darum mit Recht eine vollkommene Ebenbildlichkeit mit ihm zierte. (LegMaj XIV, 4)

Franziskus predigt auf der Burg von Montefeltro

Auf dem Wege kam er (Franziskus) am Fuß der Burg von Montefeltro vorüber, wo man gerade ein großes Gelage und Festspiel anläßlich der neuen Ritterwürde eines jener Grafen von Montefeltro feierte. Als der heilige Franziskus von der Festlichkeit, die man dort hielt, hörte und vernahm, daß viele vornehme Leute aus verschiedenen Gegenden dort versammelt waren, sagte er zu Bruder Leo: „Gehen wir zum Fest hinauf, denn mit Gottes Hilfe können wir manch reiche geistliche Frucht ernten." Unter den Edelleuten, die zu diesem Festspiel gekommen waren, befand sich auch ein reicher und mächtiger Herr aus der Toskana mit Namen Orlando von Chiusi zu Casentino. Dieser hegte wegen der wunderbaren Dinge, die er von der Heiligkeit und den Wundern des heiligen Franziskus gehört hatte, große Verehrung gegen ihn und hatte den brennenden Wunsch, ihn zu sehen und predigen zu hören. Der heilige Franziskus kam zur Burg, ging hinein und begab sich auf den Burghof, wo alle Edelleute versammelt waren. Im Eifer des Geistes stieg er auf eine niedrige Mauer und begann zu predigen.

Als Thema seiner Predigt legte er folgende Worte in der Volkssprache vor:

„So großes Gut erwarte ich als mein,
daß mir ist liebgeworden jede Pein.“

Über dieses Thema predigte er auf Geheiß des Heiligen Geistes derart hingebungsvoll und tiefgründig und zeigte es an den verschiedenen Leiden und Martern der heiligen Apostel und Märtyrer, den harten Bußübungen der heiligen Bekenner und vielen Bedrängnissen und Heimsuchungen der heiligen Jungfrauen und anderer Heiliger so auf, daß das ganze Volk mit Aug und Herz an ihm hing und lauschte, als ob ein Engel Gottes spräche. Unter ihnen wurde auch besagter Herr Orlando durch die wunderbare Predigt des heiligen Franziskus von Gott im Herzen berührt und nahm sich innerlich vor, nach der Predigt mit ihm die Angelegenheiten seiner Seele zu ordnen und zu erwägen. Am Ende der Predigt zog er daher den heiligen Franziskus beiseite und sagte zu ihm: „Vater, ich möchte mit dir bezüglich meines Seelenheiles Vorkehrungen treffen.“ Der heilige Franziskus erwiderte: „Das gefällt mir sehr. Für heute morgen aber geh und ehre deine Freunde, die dich zum Fest eingeladen haben, und speise mit ihnen zu Mittag. Nach dem Essen wollen wir dann zusammen sprechen, solange du willst.“ So also ging Herr Orlando zum Essen hin.

Nach dem Essen kam er wieder zum heiligen Franziskus und traf ausführlichste Vorkehrungen und Anordnungen in den Angelegenheiten seiner Seele. Am Ende sagte Herr Orlando zum heiligen Franziskus: „Ich besitze in der Toskana einen Berg voll heiligster Andacht namens La Verna, der ganz einsam und wild ist und sehr geeignet für jemanden, der an einem von den Menschen abgeschiedenen Ort Buße tun will oder das Einsiedlerleben sucht. Wenn er dir gefiele, würde ich ihn gern um meines Seelenheiles willen dir und deinen Gefährten schenken.“ Als der heilige Franziskus hörte, wie ihm so großzügig angeboten wurde, wonach er sich sehnte, freute er sich sehr, und nachdem er zuerst Gott, dann dem Herrn Orlando Lob und Dank erwiesen hatte, sagte er zu diesem: „Mein Herr, wenn Ihr in Euer Haus zurückgekehrt seid, will ich Euch einige meiner Gefährten schicken. Diesen zeigt den Berg. Und wenn er ihnen für Gebet und Buße geeignet erscheint, so nehme ich zur Stunde Euer liebevolles Angebot an." Nach diesen Worten verabschiedete sich der heilige Franziskus und kehrte nach Beendigung seiner Reise nach Santa Maria degli Angeli zurück. Gleicherweise zog Herr Orlando nach Schluß der Feierlichkeiten auf seine Burg Chiusi heim, die etwa eine Meile vom Berg La Verna entfernt lag.

Zwei Gefährten des Franziskus erkunden den Berg La Verna

Nach seiner Rückkehr nach Santa Maria degli Angeli entsandte der heilige Franziskus zwei seiner Gefährten zu Herrn Orlando. Als sie zu ihm gelangt waren, wurden sie von ihm sehr freudig und liebevoll aufgenommen. Um ihnen den Berg La Verna zu zeigen, schickte er gut fünfzig bewaffnete Männer mit ihnen, die sie gegen die wilden Tiere schützen sollten. Mit dieser Begleitung stiegen die Brüder auf den Berg und suchten ihn sorgfältig ab. Endlich gelangten sie an eine Stelle des Berges, die besonders andachtsvoll war und sich für die Beschauung recht gut eignete. Dort befand sich ein kleiner ebener Platz, den sie für sich und den heiligen Franziskus als Wohnstätte wählten. Mit Hilfe der bewaffneten Männer, die ihnen Geleit gegeben hatten, errichteten sie einige Zellen aus Baumzweigen. Auf diese Weise nahmen sie im Namen Gottes den Berg La Verna und die Niederlassung der Brüder in Besitz.

Als sie bei ihm (Franziskus) angekommen waren, erzählten sie ihm, wie sie diese Niederlassung auf dem Berg La Verna, die so sehr für Gebet und Beschauung geeignet ist, in Besitz genommen hatten. Als der heilige Franziskus diese Neuigkeit vernahm, freute er sich sehr, dankte und lobte Gott und sprach zu jenen Brüdern mit fröhlicher Miene: „Meine Kinder, wir nähern uns der Fastenzeit zu Ehren des heiligen Erzengels Michael. Ich glaube fest, es ist Gottes Wille, daß wir dieses Fasten auf dem Berg La Verna, der uns durch göttliche Fügung dafür bereitet ist, abhalten sollen. So laßt uns zum Ruhm und zur Ehre Gottes, seiner glorreichen Jungfrau Maria und der heiligen Engel durch Buße von Christus erwirken, diesen gebenedeiten Berg weihen zu dürfen.“

Franziskus geht mit den Brüdern Masseo, Angelo und Leo auf den Berg La Verna

Nach diesen Worten nahm der heilige Franziskus mit sich: Bruder Masseo von Marignano bei Assisi, einen Mann von großer Einsicht und großer Beredsamkeit, Bruder Angelo Tancredi aus Rieti, der ein Mann von hohem Adel und in der Welt ein Ritter gewesen war, und Bruder Leo, einen Mann von größter Einfalt und Reinheit, weswegen ihn der heilige Franziskus sehr liebte und ihm fast jedes seiner Geheimnisse offenbarte. Mit diesen drei Brüdern begab sich der heilige Franziskus ins Gebet und befahl nach Beendigung des Gebetes sich und die genannten Gefährten den Gebeten der zurückbleibenden Brüder. Dann brach er mit den dreien im Namen Jesu Christi, des Gekreuzigten, zum Berg La Verna auf. Zu Beginn der Reise rief der heilige Franziskus einen der drei Gefährten, nämlich Bruder Masseo, und sprach zu ihm: „Du, Bruder Masseo, wirst auf dieser Reise unser Guardian und Oberer sein. Denn auch wenn wir zusammen wandern und rasten, müssen wir an unserem Brauch festhalten, entweder das Offizium zu beten oder von Gott zu sprechen oder das Schweigen zu wahren. Und wir dürfen uns weder um das Essen noch um das Schlafen im voraus Sorgen machen, sondern wenn es Zeit zum Herbergen ist, werden wir uns etwas Brot erbetteln, Rast machen und uns zur Ruhe legen, wo immer uns Gott den Platz dafür bereiten wird." Da neigten die drei Gefährten ihre Häupter, machten das Kreuzzeichen und setzten ihre Reise fort.

Franziskus wird von einem Dämon gequält

Am ersten Abend erreichten sie eine Niederlassung der Brüder und herbergten dort. Am zweiten Abend konnten sie wegen des schlechten Wetters und aus Übermüdung weder eine Niederlassung der Brüder noch einen Burgflecken oder ein Dorf erreichen. Weil die Nacht mit Schlechtwetter über sie hereinbrach, nahmen sie in einer verlassenen und leerstehenden Kirche Unterschlupf und legten sich dort zur Ruhe.

Als die Gefährten schliefen, warf sich der heilige Franziskus zum Gebet nieder. Während er im Gebet verweilte, siehe, da kam um die erste Nachtwache mit großem Lärm und Getöse eine große Horde wildester Dämonen, die gegen ihn einen heftigen Kampf eröffneten und ihm arg zusetzten. Der eine zwickte ihn dort, der andere da, der eine zerrte ihn hinauf, der andere wieder herunter, der eine bedrohte ihn mit diesem, der andere tat ihm mit etwas anderem Schmach an. So versuchten sie auf verschiedene Weisen, ihn beim Gebet zu stören, aber es gelang ihnen nicht, denn Gott war mit ihm. Als der heilige Franziskus von diesen dämonischen Kämpfen reichlich genug ertragen hatte, begann er mit lauter Stimme zu schreien: „O verdammte Geister, ihr vermögt nichts, außer was die Hand Gottes euch erlaubt.

Im Namen des allmächtigen Gottes sage ich euch, daß ihr meinem Leib nur das antun könnt, was euch von Gott erlaubt wird. Deshalb ertrage ich all das gerne, denn ich habe keinen größeren Feind als meinen Leib. Wenn ihr also für mich bei meinem Feind Rache nehmt, dann tut ihr mir einen sehr großen Dienst." Darauf packten ihn die Dämonen mit wildestem Ungestüm und mit Wut, begannen ihn durch die Kirche zu schleifen und plagten und quälten ihn noch viel mehr als zuvor. Der heilige Franziskus aber fing von neuem zu schreien an und rief: „Mein Herr Jesus Christus, ich danke Dir für so viel Liebe und Güte, die Du mir erweist. Denn es ist Zeichen einer großen Liebe, wenn der Herr seinen Knecht für alle seine Verfehlungen in dieser Welt schon tüchtig straft, damit er dafür in der anderen nicht mehr bestraft wird. Ich bin bereit, frohen Mutes jede Pein und jede Widerwärtigkeit zu ertragen, die Du, mein Gott, mir für meine Sünden schicken willst." Da zogen die Dämonen ab, verwirrt und besiegt von seiner Standhaftigkeit und Geduld.

Franziskus betet die ganze Nacht

Der heilige Franziskus aber ging glühenden Geistes aus der Kirche hinaus, trat in einen Wald, der dort in der Nähe war, und warf sich dort zum Gebet nieder. Mit Flehrufen, Tränen und Schlägen an die Brust suchte er nach Jesus, dem Bräutigam und Geliebten seiner Seele. Als er ihn schließlich im Verborgenen seiner Seele fand, sprach er bald ehrfürchtig mit ihm wie mit seinem Herrn, bald stand er ihm Rede und Antwort wie seinem Richter, bald flehte er zu ihm wie zu einem Vater, bald unterhielt er sich mit ihm wie mit einem Freund. Seine Gefährten, die aufgewacht waren und dastanden, um zu horchen und zu schauen, was er da machte, hörten und sahen diese Nacht in jenem Wald, wie er unter

Tränen und mit lauter Stimme voller Hingabe das göttliche Erbarmen für die Sünder erflehte. Sie sahen und hörten auch, wie er mit lauter Stimme das Leiden Christi beweinte, als ob es ihm leibhaftig vor Augen stünde. In derselben Nacht erblickten sie, wie er mit kreuzweise übereinandergelegten Armen betete und lange Zeit über der Erde schwebend emporgehoben war, von einer strahlenden Wolke umgeben. So verbrachte er diese ganze Nacht mit heiligen Übungen, ohne zu schlafen.

Franziskus reitet auf dem Esel eines armen Landarbeiters

Am nächsten Morgen bemerkten die Gefährten, daß der heilige Franziskus von der Anstrengung der Nacht und weil er nicht geschlafen hatte, körperlich zu schwach war und schwerlich hätte zu Fuß gehen können. Da gingen sie zu einem armen Landarbeiter und baten ihn um der Liebe Gottes willen, er möge ihnen für Bruder Franziskus, ihren Vater, der nicht zu Fuß gehen könne, sein Eselchen leihen. Als dieser den Namen Bruder Franziskus hörte, fragte er sie: „Gehört ihr zu den Brüdern dieses Bruders Franziskus von Assisi, von dem man so viel Gutes erzählt?“ Die Brüder antworteten, dies sei so und eben für ihn hätten sie um das Saumtier gebeten. Da sattelte dieser gute Mann das Eselchen mit großer Hingabe und Sorgfalt und führte es zum heiligen Franziskus. Mit großer Ehrfurcht half er ihm aufsteigen, und sie zogen weiter. Auch er ging mit ihnen hinter seinem Eselchen her.

Als sie nun ein Stück Weges gereist waren, sagte der Landmann zum heiligen Franziskus: „Sag mir, bist du Bruder Franziskus von Assisi?“ Der heilige Franziskus antwortete darauf mit Ja. „Dann sieh nur zu“, sagte der Landmann, „daß du so gut bist, wie du vom ganzen Volk gehalten wirst, denn viele haben großes Vertrauen zu dir. Und deshalb ermahne ich dich, daß in dir nichts anderes sei, als was das Volk von dir erwartet." Als der heilige Franziskus diese Worte hörte, ärgerte er sich nicht, von einem Bauern ermahnt worden zu sein, noch sagte er bei sich selbst: „Was ist das für ein grober Kerl, daß er mich da ermahnt?", wie es heute viele Hochmütige sagen würden, die die Kutte tragen. Vielmehr stieg er sofort vom Esel herab und warf sich auf die Erde, kniete vor dem Mann hin und küßte ihm die Füße. Er dankte ihm demütig, daß er sich herabgelassen hatte, ihn so liebevoll zu ermahnen. Dann hoben ihn der Bauer und die Gefährten des heiligen Franziskus mit großer Rührung von der Erde auf, setzten ihn wieder auf den Esel und wanderten weiter.

Die Quellen aus dem Felsen

Sie hatten etwa die Hälfte der Steigung des Berges erreicht, als der Landmann, weil es sehr heiß und der Aufstieg mühsam war, so großen Durst bekam, daß er begann, hinter dem heiligen Franziskus herzurufen: „Weh mir, ich sterbe vor Durst! Wenn ich nicht etwas zu trinken bekomme, verschmachte ich auf der Stelle." Darauf stieg der heilige Franziskus vom Esel herunter, warf sich zum Gebet nieder und blieb so lange auf den Knien liegen, die Hände zum Himmel erhoben, bis er in einer Offenbarung erkannte, daß ihn Gott erhört hatte. Da sagte er zu dem Bauern: „Geh, lauf gleich zu diesem Felsen da, dort wirst du lebendiges Wasser finden, das Christus zu dieser Stunde durch sein Erbarmen aus dem Felsen hat entspringen lassen." Dieser läuft zu dem Platz, den ihm der heilige Franziskus gezeigt hatte, und findet eine wunderschöne Quelle, die kraft des Gebetes des heiligen Franziskus dem harten Felsgestein entsprungen war. Er trank daraus in vollen Zügen und wurde gestärkt.

Es zeigte sich aber sehr deutlich, daß diese Quelle durch Bitten des heiligen Franziskus von Gott auf wunderbare Weise hervorgebracht worden war. Denn weder vorher noch nachher hat man an diesem Ort je Wasser gesehen, ja im weiten Umkreis von diesem Ort gab es überhaupt kein Wasser. Nach diesen Geschehnissen dankte der heilige Franziskus zusammen mit den Gefährten und dem Bauern Gott wegen des Wunders, das er ihnen gezeigt hatte, und sie wanderten daraufhin weiter.

Franziskus wird von Vögeln begrüsst

Als sie sich dem Fuß des eigentlichen Felsens von La Verna näherten, wollte sich der heilige Franziskus gerne ein wenig unter einer Eiche ausruhen, die dort am Weg stand und auch heute noch dort steht. Unter dieser stand nun der heilige Franziskus und betrachtete die Beschaffenheit des Ortes und der Landschaft. Während er so dastand und schaute, siehe, da kam eine große Schar verschiedenster Vögel, die alle durch Singen und Flügelschlagen große festliche Freude zum Ausdruck brachten. Sie umschwärmten den heiligen Franziskus, wobei sich ihm einige auf den Kopf setzten, einige auf die Schultern, einige auf die Arme, einige in den Schoß und einige um die Füße herum. Als seine Gefährten und der Bauer das sahen und sich wunderten, sagte der heilige Franziskus ganz fröhlichen Sinnes: „Ich glaube, liebste Brüder, es gefällt unserem Herrn Jesus Christus sehr, daß wir hier auf diesem einsamen Berg wohnen, da doch unsere Schwestern und Brüder, die Vögel, solche Freude über unsere Ankunft zeigen." Nach diesen Worten erhoben sie sich und gingen weiter. Schließlich erreichten sie jenen Ort, den seine Gefährten vorher schon in Besitz genommen hatten.

Besuch des Herrn Orlando von Chiusi auf La Verna

Herr Orlando freute sich überaus, als er hörte, der heilige Franziskus sei mit drei Gefährten auf den Berg La Verna gestiegen, um sich dort niederzulassen. Am folgenden Tag brach er mit vielen Leuten seiner Burg auf, und sie kamen ihn besuchen, wobei sie Brot und andere Lebensmittel für ihn und seine Gefährten mitbrachten. Als er oben angelangt war, traf er die Brüder gerade beim Beten. Er näherte sich ihnen und begrüßte sie. Da erhob sich der heilige Franziskus und empfing den Herrn Orlando und seine Begleitschaft mit größter Liebenswürdigkeit und Freude. Darauf ließen sie sich zum gemeinsamen Gespräch nieder. Nach ihrem Gespräch bedankte sich der heilige Franziskus für den andachtsvollen Berg, den er ihm geschenkt hatte, und für sein Kommen. Auch bat er ihn, er möge ihm eine arme Zelle am Fuße einer herrlichen Buche machen lassen, die von der Niederlassung der Brüder nicht weiter als einen Steinwurf entfernt war, denn es schien ihm dieser Ort voller Andacht und für das Gebet geeignet. Und Herr Orlando ließ sie ihm sofort bauen.

Als dies geschehen war, war bereits der Abend angebrochen und die Zeit zum Aufbruch gekommen. Bevor sie aber schieden, hielt ihnen der heilige Franziskus eine kleine Predigt. Als er ihnen nach der Predigt seinen Segen gegeben hatte und Herr Orlando aufbrechen mußte, rief dieser den heiligen Franziskus und die Gefährten beiseite und sagte ihnen: „Meine lieben Brüder, es ist nicht in meinem Sinne, daß ihr auf diesem wilden Berg irgendeine leibliche Not ertragen müßt, durch die ihr euch weniger den geistlichen Dingen widmen könntet. Darum wünsche ich, und ich sage euch das ein für alle Mal, daß ihr unbedingt für jedes eurer Bedürfnisse jemanden in mein Haus schickt. Und solltet ihr das Gegenteil tun wollen, so würde ich euch das sehr übel nehmen.“ Nach diesen Worten schied er mit seinem Gefolge und kehrte auf seine Burg zurück.

Franziskus beginnt das Fasten zu Ehren des hl. Erzengels Michael

Als das Fest der Himmelfahrt Unserer Lieben Frau nahte, suchte der heilige Franziskus nach einem noch einsameren und abgeschiedeneren Ort, an dem er in völliger Zurückgezogenheit das Fasten des heiligen Michael halten könne, welches mit dem genannten Fest der Himmelfahrt begann. Er rief Bruder Leo zu sich und sagte zu ihm: „Geh und stell dich an die Tür zum Oratorium der Niederlassung der Brüder, und wenn ich dich rufe, dann komm wieder zu mir.“ Bruder Leo ging und stellte sich an die Tür, während der heilige Franziskus sich ein Stück entfernte und dann laut rief. Da Bruder Leo ihn rufen hörte, ging er zu ihm zurück und sagte zu ihm: „Mein Sohn, suchen wir einen anderen, noch verborgeneren Ort, von dem aus du mich nicht mehr hören kannst, wenn ich rufe.“ Auf der Suche hatten sie an der Südseite des Berges eine abgelegene Stelle gesehen, die für seine Absicht sehr geeignet schien. Aber man konnte dorthin nicht gelangen, weil sich davor eine sehr breite, schreckliche und furchterregende Felsenkluft auftat. Unter großen Anstrengungen legten sie daher einen Balken als Brücke über den Abgrund und gingen so hinüber.

Da ließ der heilige Franziskus die anderen Brüder kommen und kündigte ihnen an, er beabsichtige, das Fasten zu Ehren des heiligen Michael an diesem einsamen Orte zu halten. Er bitte sie daher, ihm dort eine Zelle zu errichten, damit von keinem von ihnen sein Rufen gehört werden könne. Als die Zelle fertig war, sagte er zu ihnen: „Geht nun zu eurer Niederlassung und laßt mich hier allein, denn mit Gottes Hilfe will ich hier dieses Fasten halten, ohne Lärm und Störung des Geistes. Niemand von euch aber komme zu mir, auch keinen Weltlichen laßt zu mir herüber. Aber du, Bruder Leo, sollst nur einmal am Tag zu mir mit etwas Brot und Wasser kommen und in der Nacht ein zweites Mal zur Stunde der Matutin. Dann aber komm in Stillschweigen, und wenn du am Kopf der Brücke stehst, dann sprich: ‚Domine, labia mea aperies.' Und wenn ich dir antworte, dann komm herüber und tritt in meine Zelle ein. Dann werden wir zusammen die Matutin beten. Wenn ich dir aber nicht antworte, so geh gleich wieder weg." Letzteres sagte der heilige Franziskus, weil er bisweilen so zu Gott entrückt war, daß er nichts hörte, ja überhaupt nichts mit den Sinnen des Leibes wahrzunehmen vermochte. Nach diesen Worten gab er ihnen den Segen, und sie kehrten zu ihrer Niederlassung zurück.

Der Teufel will Franziskus den Felsen hinunterstürzen

Als das Fest der Himmelfahrt kam, begann der heilige Franziskus die heilige Fastenzeit, indem er mit großer Enthaltsamkeit und Strenge den Leib kasteite und mit inbrünstigen Gebeten, Nachtwachen und Bußübungen den Geist stärkte. In diesem Tun wuchs er beständig an tugendhaften Kräften und bereitete die Seele für den Empfang der göttlichen Mysterien und Erleuchtungen vor, den Körper aber für die grausamen Kämpfe mit den Dämonen, mit denen er oft handgreiflich kämpfte. Unter anderem geschah es einmal während dieser Fastenzeit, daß der heilige Franziskus eines Tages in der Glut des Geistes aus seiner Zelle trat und sich eine kleine Strecke weit entfernte, um sich in einer ausgehöhlten Felsengruft ins Gebet zu versenken. Diese befand sich in einem schrecklichen, gefährlich überhängenden Felsen, von wo es weit hinab in die Tiefe ging. Plötzlich nahte sich der Teufel mit Unwetter und lautem Getöse in schrecklicher Gestalt und schlug auf ihn ein, um ihn hinabzustürzen. Da der heilige Franziskus nicht wußte, wohin er fliehen sollte, und den scheußlichen Anblick des Teufels nicht ertragen konnte, schmiegte er sich rasch mit den Händen, dem Gesicht und dem ganzen Leib an den Felsen und befahl sich Gott an, indem er mit den Händen um sich griff, ob er sich nicht an irgendetwas festklammern könnte. Aber wie es Gott gefiel, der seine Knechte niemals mehr versucht werden läßt, als sie zu ertragen vermögen, höhlte sich durch ein Wunder der Fels, an den er sich klammerte, nach der Form seines Körpers und nahm ihn in sich auf. Und wie wenn er Hände und Gesicht in weiches Wachs gedrückt hätte, so prägte sich die Form seines Antlitzes und seiner Hände in den Felsen. So entkam er mit der Hilfe Gottes dem Teufel.

Der Falke

Während nun der heilige Franziskus, wie schon erwähnt, die genannte Fastenzeit fortsetzte, empfing er, obschon er viele Kämpfe mit den Teufeln zu bestehen hatte, doch auch viele Tröstungen von Gott, nicht nur durch den Besuch von Engeln, sondern auch von den Vögeln des Waldes. Denn während der genannten Fastenzeit weckte ihn ein Falke, der in der Nähe seiner Zelle nistete, jede Nacht kurz vor der Matutin durch seinen Schrei und mit Flügelschlägen an seine Zelle und flog nicht eher davon, als bis der heilige Franziskus sich erhob, um die Matutin zu beten. Und wenn der heilige Franziskus das eine oder andere Mal müder war als sonst oder schwach und krank, dann ließ der Falke, gleich einem verständigen und mitfühlenden Menschen, seinen Schrei später ertönen. So fand der heilige Franziskus großes Gefallen an diesem Stundenkünder, denn die Fürsorge des

Falken vertrieb von ihm alle Trägheit und ermunterte ihn zum Gebet; und überdies setzte er sich zuweilen tagsüber zutraulich zu ihm.

Der Engel mit der Geige

Der heilige Franziskus war von der großen Enthaltsamkeit und den Kämpfen mit den Dämonen körperlich sehr geschwächt. Er hoffte daher, mit der geistlichen Nahrung für die Seele auch den Körper zu kräftigen, und fing an, der unermeßlichen Herrlichkeit und Freude der Seligen des ewigen Lebens zu gedenken. Überdies begann er, Gott zu bitten, er möge ihm die Gnade gewähren, schon jetzt ein wenig von dieser Freude zu kosten. Während er sich nun bei diesen Gedanken aufhielt, erschien ihm auf einmal ein Engel in herrlichem Glanze, der eine Geige in der Linken und einen Bogen in der Rechten trug. Als der heilige Franziskus starr vor Staunen über den Anblick des Engels dastand, führte dieser nur einmal den Bogen über die Saiten. Sogleich erfüllte eine solch wonnevolle Melodie seine Seele mit Süßigkeit und enthob sie jeder körperlichen Empfindung, daß er fürchtete, wie er später seinen Gefährten erzählte, wenn der Engel den Bogen wieder herabgestrichen hätte, wäre seine Seele vor unerträglicher Wonne aus dem Körper entflohen.

„Wer bin ich elendiger Wurm?“

Als sich das Fest des Kreuzes im September nahte, begab sich Bruder Leo eines Nachts zu gewohnter Stunde zum heiligen Franziskus, um mit ihm die Matutin zu beten. Am Brückenkopf sagte er wie gewöhnlich: „Domine, labia mea aperies.“ Als aber der heilige Franziskus nicht antwortete, kehrte Bruder Leo nicht um, wie der heilige Franziskus ihm geboten hatte, sondern schritt in guter und heiliger Absicht über die Brücke und trat leise in seine Zelle. Als er ihn dort nicht fand, dachte er, er sei vielleicht an irgendeinem Platz im Wald, um zu beten. Er ging daher hinaus und durchstreifte beim Mondlicht suchend leise den Wald. Endlich hörte er die Stimme des heiligen Franziskus, und als er sich näherte, sah er ihn auf den Knien liegen, Antlitz und Hände zum Himmel erhoben, und in der Glut des Geistes folgendermaßen beten: „Wer bist du, o mein süßester Gott? Und wer bin ich elendiger Wurm und dein unnützer Knecht?“ Diese nämlichen Worte wiederholte er ständig und sagte nichts anderes.

Bruder Leo, der sich darüber gar sehr wunderte, hob deshalb die Augen und blickte zum Himmel auf. Und während er so hinaufblickte, sah er vom Himmel herab eine wunderschöne und leuchtende feurige Fackel kommen, die sich über dem Haupt des heiligen Franziskus niedersenkte. Von dieser Flamme hörte er eine Stimme ausgehen, die mit dem heiligen Franziskus sprach, aber Bruder Leo vermochte die Worte nicht zu verstehen. Als er das sah, kam er sich sehr unwürdig vor, so nahe dem heiligen Ort zu stehen, wo sich diese wunderbare Erscheinung zutrug. Überdies fürchtete er, den heiligen Franziskus zu verletzen oder ihn in seiner Tröstung zu stören, wenn er von ihm bemerkt würde, und so zog er sich leise wieder zurück und wartete von ferne, um den Ausgang der Sache anzusehen. Während er so gespannt hinschaute, sah er den heiligen Franziskus dreimal die Hände nach der Flamme ausstrecken. Schließlich sah er nach geraumer Zeit die Flamme wieder zum Himmel zurückkehren. Da schlich er sich beruhigt und erfreut über die Vision davon und kehrte zu seiner Zelle zurück.

Als er aber so ruhig dahinschritt, bemerkte ihn der heilige Franziskus am Rascheln der Blätter unter seinen Füßen und befahl ihm, zu warten und sich nicht von der Stelle zu rühren. Da stand Bruder Leo im Gehorsam still und erwartete ihn mit solcher Furcht, daß er, wie er später den Gefährten erzählte, in diesem Augenblick sich lieber gewünscht hätte, von der Erde verschlungen zu werden als auf den heiligen Franziskus zu warten. Denn er dachte, dieser sei gegen ihn aufgebracht. Mit größter Sorgfalt hütete er sich nämlich, seinen Vater zu beleidigen, damit ihm der heilige Franziskus nicht wegen seiner Schuld seine Freundschaft entzöge. Als der heilige Franziskus näher gekommen war und ihn fragte: „Wer bist du?“, antwortete Bruder Leo am ganzen Leibe zitternd: „Ich bin Bruder Leo, mein Vater.“ Darauf sagte der heilige Franziskus zu ihm: „Warum bist du hierher gekommen, Bruder Lämmlein? Habe ich dir nicht gesagt, du sollst mir nicht nachspüren? Sag mir im heiligen Gehorsam, ob du etwas gesehen und gehört hast.“ Bruder Leo antwortete: „Vater, ich habe dich reden und mehrmals sagen hören: ‚Wer bist du, mein süßester Gott? Und wer bin ich, elendigster Wurm und dein nutzloser Knecht?‘“ Darauf kniete Bruder Leo vor dem heiligen Franziskus nieder, bekannte sich schuldig wegen seines Ungehorsams, weil er gegen sein Gebot gehandelt hatte, und bat ihn unter vielen Tränen um Vergebung. Besonders inbrünstig aber bat er ihn, er möchte ihm doch die Worte erklären, die er gehört hatte, und jene sagen, die er nicht gehört hatte.

Die drei goldenen Kugeln

Da sah der heilige Franziskus wohl, daß Gott dem demütigen Bruder Leo wegen seiner Einfalt und Reinheit einige Dinge geoffenbart oder ihm gewährt hatte, sie zu sehen. So ließ er sich denn herbei, ihm das, worum er gebeten hatte, mit folgenden Worten zu offenbaren und zu erklären: „Wisse, Bruder Lämmlein Jesu Christi, daß meiner Seele, als ich jene Worte sprach, die du vernommen hast, zwei

Lichter gezeigt wurden: Das eine war das Licht des Wissens und der Erkenntnis des Schöpfers, das andere das Licht der Erkenntnis meiner selbst. Als ich sagte: ‚Wer bist du, mein süßester Gott?', da befand ich mich in einem Licht der Beschauung, in dem ich in den Abgrund der grenzenlosen Güte und Weisheit und Macht Gottes sah. Und als ich sagte: ‚Wer bin ich?' und dergleichen, da befand ich mich in einem Licht der Beschauung, in dem ich die beweinenswerte Tiefe meines Elends und meiner Erbärmlichkeit sah. Ich sagte also damit: ‚Wer bist du, Herr der grenzenlosen Güte und Weisheit und Macht, daß du mich würdigst, mich zu besuchen, der ich ein elender und abscheulicher Wurm bin?' – In jener Flamme aber, die du gesehen hast, war Gott, der zu mir in dieser Gestalt gesprochen hat, wie er einst zu Mose gesprochen hatte. Unter anderen Dingen, die er mir sagte, bat er mich, ich möge ihm drei Geschenke machen. Darauf antwortete ich ihm: ‚Mein Herr, ich bin ganz dein. Du weißt gut, daß ich nichts anderes habe als den Habit, den Strick und die Beinkleider, und auch diese drei Dinge sind dein. Was also kann ich deiner Majestät anbieten oder schenken?' – Da sagte mir Gott: ‚Schau nach in deinem Schoß und bringe mir dar, was du darin findest.' Ich suchte also und fand dort eine Kugel aus Gold, die ich dann Gott anbot. Und so tat ich dreimal, wie es mir Gott dreimal gebot. Darauf kniete ich mich dreimal hin und sagte Gott Lob und Dank, der mir etwas geschenkt hatte, was ich ihm anbieten konnte. Sogleich wurde mir die Erkenntnis gegeben, jene drei Gaben bezeichnen den heiligen Gehorsam, die höchste Armut und die strahlende Keuschheit, welche mich Gott durch seine Gnade so vollkommen beobachten ließ, daß mich das Gewissen in keiner Weise anklagt. Und wie du mich die Hand in den Schoß legen und Gott diese drei Tugenden anbieten gesehen hast, die mit den drei goldenen Kugeln bezeichnet waren, welche Gott mir in den Schoß gelegt hatte, so hat mir Gott eine Tugend in meine Seele gelegt, daß ich ihn wegen all der Güter und Gnaden, die er mir in seiner heiligsten Güte gewährt hat, immer mit Herz und Mund lobe und verherrliche. Das bedeuten die Worte, die du gehört, und das dreimalige Erheben der Hände, das du gesehen hast. Hüte dich aber, Bruder Lämmlein, mir noch einmal nachzuspüren. Geh in deine Zelle mit dem Segen Gottes und trage aufmerksame Sorge für mich. Denn schon nach wenigen Tagen wird Gott so große und staunenswerte Dinge auf diesem Berg vollbringen, daß sich die ganze Welt darüber wundern wird. Er wird einige so neue Dinge vollbringen, wie er sie noch nie an irgendeinem Geschöpf in dieser Welt vollbracht hat."

Dreimaliges Öffnen des Evangelienbuches

Nach diesen Worten ließ er sich das Evangelienbuch bringen. Gott hatte ihm nämlich in die Seele eingegeben, daß ihm beim dreimaligen Öffnen des Evangelienbuches gezeigt würde, was Gott an ihm zu tun gefiele. Als ihm das Buch gebracht wurde, warf sich der heilige Franziskus zum Gebet nieder. Als er das Gebet beendet hatte, ließ er sich durch die Hand von Bruder Leo das Buch im Namen der Heiligen Dreifaltigkeit dreimal öffnen.

Wie es dem göttlichen Ratschluß gefiel, stellte sich ihm bei diesem dreimaligen Öffnen immer die Passion Christi vor Augen. Dadurch wurde ihm zu verstehen gegeben: wie er Christus nachgefolgt war in den Taten seines Lebens, so müsse er ihm nachfolgen und sich ihm angleichen in den Bedrängnissen und Schmerzen der Passion, bevor er aus diesem Leben scheiden werde.

Vorbereitung durch den Engel

Von diesem Zeitpunkt an begann der heilige Franziskus noch überschwänglicher die Wonnen der Betrachtungen und Heimsuchungen zu verkosten und zu verspüren. Unter anderem machte er eine Erfahrung, die ihn in folgender Form unmittelbar auf die Einprägung der Wundmale vorbereitete. Am Tage vor dem Kreuzfest im September, als sich der heilige Franziskus zum Gebet in seine Zelle zurückgezogen hatte, erschien ihm der Engel des Herrn und sagte im Auftrag Gottes: „Ich bestärke und ermahne dich, du mögest dich demütig und in aller Geduld auf das vorbereiten und einstellen, was Gott an dir tun möchte." Der heilige Franziskus antwortete: „Ich bin bereit, alles geduldig zu ertragen, was mein Herr an mir tun will." Nach diesen Worten verschwand der Engel.

Franziskus bittet um zwei Gnaden

Es kam der folgende Tag, nämlich der Tag des Kreuzes, als sich der heilige Franziskus am frühen Morgen, noch lange vor Tagesanbruch, vor seiner Zellentür zum Gebet niederwarf. Er wandte sein Antlitz gegen Sonnenaufgang und betete in folgender Weise: „Mein Herr Jesus Christus, ich bitte dich, erweise mir zwei Gnaden, bevor ich sterbe. Die erste ist, daß ich zu Lebzeiten in meiner Seele und in meinem Körper, so weit das möglich ist, jenen Schmerz erleide, den du, süßer Jesus, in der Stunde deines bittersten Leidens ertragen hast. Die zweite ist, daß ich in meinem Herzen, soweit das möglich ist, jene unermeßliche Liebe fühle, von der du, liebster Sohn Gottes, entflammt warst, um so großes Leiden für uns Sünder gerne auf dich zu nehmen." Während er lange in dieser Bitte verharrte, begriff er, daß ihn Gott erhören würde und daß ihm in Kürze gewährt werden sollte, so viel von diesen Dingen zu empfinden, als dies für ein reines Geschöpf überhaupt möglich ist.

Die Erscheinung des Seraphs

Nachdem der heilige Franziskus dieses Versprechen erhalten hatte, fing er an, mit größter Hingabe das Leiden Christi und seine grenzenlose Liebe zu betrachten. So sehr nahm in ihm die Glut der Hingabe zu, daß er sich aus Liebe und Mitleid ganz in Jesus verwandelte. Während er nun in dieser Betrachtung verweilte und innerlich entflammte, sah er am selben Morgen vom Himmel her einen Seraph mit sechs leuchtenden und feurigen Flügeln kommen. Dieser Seraph näherte sich in schnellem Flug dem heiligen Franziskus, so daß er klar erkennen konnte, daß er in sich das Bildnis eines gekreuzigten Mannes trug. Die Flügel aber waren so angeordnet, daß zwei Flügel sich über sein Haupt breiteten, zwei sich zum Fluge ausbreiteten und die anderen zwei den ganzen Körper bedeckten. Bei diesem Anblick erschrak der heilige Franziskus heftigst und war zugleich von Freude, Schmerz und Staunen erfüllt. Überaus große Freude empfand er beim anmutigen Anblick Christi, der ihm ganz vertraut erschien und ihn so gütig anblickte. Als er ihn aber ans Kreuz geheftet sah, empfand er andererseits einen unermeßlichen Schmerz des Mitleidens. Im Besonderen aber wunderte er sich über die staunenserregende und ungewöhnliche Vision, weil er doch wußte, daß Ohnmacht und Leiden nicht mit der Unsterblichkeit des seraphischen Geistes zusammenpaßten. Während er noch voller Verwunderung dastand, wurde ihm von dem Erscheinenden geoffenbart, die Vision sei ihm durch Gottes Vorsehung deshalb in dieser Gestalt gezeigt worden, damit er verstünde, daß er nicht durch ein leibliches Martyrium, sondern durch das Entflammen des Geistes vollkommen in das sichtbare Abbild des gekreuzigten Christus verwandelt werden müsse.

La Verna in Flammen

Durch diese wunderbare Erscheinung sah der ganze Berg La Verna aus, wie wenn er in helleuchtender Feuersbrunst aufloderte, die ringsum alle Berge und Täler strahlend erleuchtete, als ob die Sonne selbst auf der Erde wäre. Als die Hirten, die in jener Gegend wachten, den Berg in Flammen und das ganze Licht im Umkreis sahen, gerieten sie in große Furcht. Und als sie dies später den Brüdern erzählten, versicherten sie, diese Flamme habe eine lange Zeit, etwa über eine Stunde, über dem Berg La Verna gestanden. Dieses strahlende Licht leuchtete auch durch die Fenster der Herbergen in jener Gegend, so daß sich einige Maultiertreiber, die auf dem Weg in die Romagna waren, vom Schlaf erhoben und ihre Tiere sattelten und aufpackten, weil sie glaubten, die Sonne sei aufgegangen. Als sie dann auf dem Wege waren, sahen sie dieses Licht abnehmen und die natürliche Sonne aufgehen.

Geheimnisvolle Worte Christi

In dieser seraphischen Erscheinung sagte Christus, welcher darin erschienen war, dem heiligen Franziskus einige geheimnisvolle und erhabene Dinge, die dieser zu seinen Lebzeiten keiner Person enthüllen wollte. Er offenbarte sie aber nach seinem Tode, wie sich weiter unten zeigen wird. Die Worte aber waren folgende: „Weißt du“, fragte Christus, „was ich an dir getan habe? Ich habe dir die Wundmale gegeben, welche die Kennzeichen meiner Passion sind, damit du mein Bannerträger seiest. Und so wie ich am Tage meines Todes in die Unterwelt hinabstieg und alle Seelen, die ich dort fand, kraft meiner Wundmale von dort herauszog, so gewähre ich auch dir, daß du jedes Jahr am Tage deines Todes in den Reinigungsort hinabsteigst und alle Seelen deiner drei Orden, nämlich der Minderbrüder, der Schwestern und der Enthaltsamen, aber auch aller jener, die dir sehr ergeben waren, kraft deiner Wundmale von dort heraufziehst und in die Herrlichkeit des Paradieses führst, damit du mir auch im Tode gleichförmig seiest, wie du mir im Leben gleichförmig bist."

Die Wundmale

Als diese wunderbare Erscheinung nach einer langen Zeit vertrauten Gesprächs verschwand, hatte sie im Herzen des heiligen Franziskus eine außergewöhnliche Glut und Flamme der göttlichen Liebe zurückgelassen, in seinem Fleisch aber ein staunenswertes Abbild und eine sichtbare Spur der Passion Christi. Denn alsbald begannen an Händen und Füßen des heiligen Franziskus die Male der Nägel zu erscheinen, so wie er sie zuvor am Leib des gekreuzigten Jesus gesehen hatte, der ihm in Gestalt des Seraphs erschienen war. Und so erschienen Hände und Füße in der Mitte mit Nägeln durchbohrt, deren Köpfe an den Handflächen und Fußrücken über das Fleisch herausragten. Die Nagelspitzen aber traten an den Handrücken und Fußsohlen so weit hervor, daß sie wie umgebogen und umgeschlagen aussahen. Wo die Nägel umgebogen und umgeschlagen waren, hätte man wohl leicht den Finger wie in einen Ring hineinlegen können. Die Köpfe der Nägel aber waren rund und schwarz. Gleicherweise erschienen auf der rechten Seite die unverheilten, roten und blutigen Ränder einer Wunde wie von einer Lanze. Aus dieser floß danach oftmals Blut aus der heiligen Brust des heiligen Franziskus und tränkte den Habit und die Beinkleider. Bevor seine Gefährten es von ihm selber erfuhren, bemerkten sie daher sehr wohl, daß er Hände und Füße nicht entblößte und die Füße nicht auf die Erde setzen konnte. Zudem entdeckten sie, daß der Habit und die Beinkleider blutig waren, wenn sie diese wuschen. Daher begriffen sie mit Sicherheit, daß ihm an Händen und Füßen und ebenso an der Seite das sichtbare Abbild und Gleichnis des gekreuzigten Jesus eingeprägt worden war.

Verbergen der Wundmale

Obwohl er sich so sehr bemühte, jene herrlichen Wundmale, die seinem Fleisch sichtbar eingeprägt waren, zu verbergen und zu verhüllen, gelang es ihm nur schlecht, sie vor seinen vertrauten Gefährten geheim zu halten. Er fürchtete hingegen, die Geheimnisse Gottes bekannt zu geben, und geriet in große Zweifel darüber, ob er die seraphische Vision und die Einprägung der Wundmale überhaupt offenbaren dürfe. In seiner Gewissensnot rief er schließlich einige seiner vertrautesten Brüder zu sich, legte ihnen den Zweifel in ganz allgemeiner Form vor, ohne den Sachverhalt zu erwähnen, und bat sie um ihren Rat. Unter diesen Brüdern gab es einen, der den Namen Illuminatus trug und sehr heilig war. Dieser begriff als ein wahrhaft von Gott Erleuchteter, daß der heilige Franziskus wunderbare Dinge gesehen haben mußte, und antwortete ihm: „Bruder Franziskus, du sollst wissen, daß Gott dir nicht nur für dich allein, sondern zuweilen auch für die anderen seine Geheimnisse zeigt. Du fürchtest deshalb zu Recht, getadelt zu werden, wenn du das verborgen hältst, was dir Gott zum Nutzen anderer gezeigt hat. Durch diese Worte ermutigt, berichtete ihnen der heilige Franziskus mit großer Furcht die ganze Art und Gestalt der oben beschriebenen Vision. Er fügte noch hinzu, daß ihm Christus, der ihm erschienen war, gewisse Dinge gesagt hatte, die er niemals sagen werde, solange er lebe.

Bruder Leo pflegt Franziskus

Während jene heiligsten Wunden, die ihm von Christus eingeprägt worden waren, in seinem Herzen sehr große Freude bereiteten, verursachten sie hingegen seinem Fleisch und seinem leiblichen Empfinden unerträglichen Schmerz. Durch diese Not gezwungen, erwählte er sich Bruder Leo, den einfältigsten und reinsten von allen, dem er sich in allem anvertraute. Er ließ ihn jene heiligen Wunden anschauen, berühren und mit Stofflappen verbinden, um den Schmerz zu lindern und das Blut aufzufangen, das aus den Wunden trat und heruntertropfte.

Diese Binden ließ er sich während der Zeit seiner Krankheit häufig wechseln, wohl jeden Tag, außer von Donnerstag abends bis Samstag früh. Er wollte nämlich nicht, daß während jener Zeit irgendein Heilmittel oder eine Arznei von Menschenhand den Schmerz der Passion Christi lindere, die er an seinem Leib trug. Denn während jener Tage war unser Erlöser Jesus Christus für uns gefangen genommen und gekreuzigt worden, gestorben und begraben worden.

Bisweilen geschah es, wenn Bruder Leo den Verband von der Seitenwunde wechselte, daß der heilige Franziskus vor Schmerz, den ihm das Abreißen der blutigen Binde verursachte, die Hand auf Bruder Leos Brust legte. Bei der Berührung durch diese geheiligten Hände empfand Bruder Leo eine so andachtsvolle Wonne in seinem Herzen, daß er beinahe ohnmächtig zu Boden gesunken wäre.

Schließlich wäre noch zu sagen, daß der heilige Franziskus nach Beendigung der Fastenzeit zu Ehren des heiligen Erzengels Michael sich aufgrund göttlicher Offenbarung entschloß, wieder nach Santa Maria degli Angeli zurückzukehren. Er rief also Bruder Masseo und Bruder Angelo zu sich und empfahl ihnen durch viele Worte und heilige Ermahnungen mit aller Eindringlichkeit, derer er fähig war, diesen heiligen Berg. Er selbst, sagte er, müsse zusammen mit Bruder Leo nach Santa Maria degli Angeli zurückkehren.

Nach diesen Worten verabschiedete er sich von ihnen und segnete sie im Namen Jesu des Gekreuzigten. Auf ihr Bitten hin streckte er ihnen seine heiligsten Hände entgegen, die mit jenen herrlichen Wundmalen geschmückt waren, und ließ sie diese sehen, berühren und küssen. So ließ er sie getröstet zurück, ging weg von ihnen und stieg den heiligen Berg hinab. (Fioretti, 143 ff.)

Anmerkungen und Literaturhinweise

Seite: 11 aus:
Felix Timmermans, Franziskus. Wiesbaden 1952, S. 5–7.

Seiten: 13, 30, 35, 48, 49, 50, 57, 62, 66, 96 aus:
E. Grau, Die Dreigefährtenlegende des heiligen Franziskus von Assisi und der „Anonymus Perusinus". Franziskanische Quellenschriften Bd. 8. Werl 1993.

Seiten: 14, 20, 26, 27, 36, 50, 53, 61, 63, 64, 76, 77, 78, 79, 80, 82, 84, 87, 88 aus:
Thomas von Celano, Leben und Wunder des heiligen Franziskus von Assisi. Kevelaer 2001.

Seiten: 15, 17, 19, 39, 58, 59, 67, 93, 101, 103 f. aus:
J. Schneider, Die Fioretti. Legenden über Franziskus und seine Gefährten. Kevelaer 2002.

Seiten: 16, 22, 23, 28, 29, 36 aus:
Der Spiegel der Vollkommenheit oder der Bericht über das Leben des heiligen Franz von Assisi. München 1953.

Seiten: 18, 45, 46, 71, 83, 86, 89 aus:
Bonaventura, Franziskus – Engel des sechsten Siegel, Franziskanische Quellenschriften Bd. 7. Werl 1962.

Seiten: 32, 41, 43, 44, 45, 46, 56, 73, 81, 85, 92 aus:
E. Grau, Spiegel der Vollkommenheit. Unveröffentlichtes Manuskript.

Seiten: 55, 90 aus:
Legenda Perusina, unveröffentlichtes Manuskript.

Seite: 100 aus:
Grau/Schlosser, Leben und Schriften der heiligen Klara von Assisi. Kevelaer 2001.